2010 JPI PeaceNet 시리즈

동아시아 평화와 협력을 위한 대화

제주평화연구원 연구총서 ⑬

2010 JPI PeaceNet 시리즈

동아시아 평화와 협력을 위한 대화

제주평화연구원 편

제주평화연구원 연구총서 ⑬

2010 JPI PeaceNet 시리즈
동아시아 평화와 협력을 위한 대화

인 쇄 | 2010년 12월 27일
발 행 | 2010년 12월 31일

엮은이 | 제주평화연구원
발행인 | 부성옥
발행처 | 도서출판 오름
등록번호 | 제2-1548호 (1993. 5. 11)

주 소 | 서울특별시 서초구 서초동 1420-6
전 화 | (02)585-9122, 9123   팩 스 | (02)584-7952
E-mail | oruem@oruem.co.kr
URL | http://www.oruem.co.kr

ISBN 978-89-7778-350-8   03300

※잘못된 책은 교환해 드립니다.

발간사

동아시아의 평화와 협력을 지향하는 제주평화연구원은 2010년 한 해 동안 다양한 주제에 대한 주변국의 입장을 모으고 교류하는 장으로 *JPI PeaceNet*을 활용하였습니다. 북한 핵문제에의 해결은 실질적으로 교착 상태에 빠져 있고 천안함 사건과 연평도 포격공격은 한반도 안보에 직접적 위협이 되고 있습니다. 센카쿠 열도(댜오위댜오)를 둘러싼 중국과 일본의 영유권 분쟁, 일본과 러시아의 북방도서 영유권 분쟁은 동아시아 지역 평화에 위협이 되고 있습니다. 이 밖에도 류샤오보의 노벨평화상 수상을 계기로 촉발된 중국의 인권문제와 민주화는 동아시아에 새로운 이념적 대결구도를 형성하는 것처럼 보입니다.

지난해에 이어 제주평화연구원은 교류와 소통의 장으로서 *JPI PeaceNet*을 성공적으로 활용하여 서로 다른 의견의 소통과 교류를 통해 동아시아 평화를 증진하는 데 일조하였다고 자평합니다. 인터넷을 통해 출판하고 이를 공유하는 데 협조해주신 다양한 분야의 학자, 전문가, 언론인, 그리고 일반시민 여러분들께 깊이 감사드리며 내년에도 많은 지혜와 의견을 주셨으면 합니다. 그리하여 제주평화연구원이 발간하는 _JPI PeaceNet_이 동아시아의 교류협력을 통한 평화의 장, 그리고 새로운 정책과 아이디어를 소통하는 통로로서 자리매김 되기를 부탁드립니다.

_JPI PeaceNet_에 기고해주신 옥고를 모아 이렇게 단행본으로 펴내게 되었습니다. 필진 여러분들의 지혜를 보다 널리 나누는 계기가 되리라 생각하며 필진에게 다시 한번 감사드립니다. 2010년 연구회의를 통해 좋은 의견을 개진하고 이를 추진해 준 제주평화연구원 연구실의 모든 분들에게도 감사드립니다. 제주평화연구원의 연구결과물에 대해서 출판을 맡아주신 도서출판 오름의 부성옥 대표께도 진심으로 감사드립니다. 제주평화연구원의 발전을 위해 충고와 조언을 아끼지 않으시는 모든 분들에게 지면을 통해 다시 한번 깊이 감사드립니다.

2010년 12월

제주평화연구원장

한태규

차 례

제2부 **동아시아의 다자협력과 도전**

제3부 동아시아의 핵 위협과 비핵화

제4부 글로벌 이슈와 인권

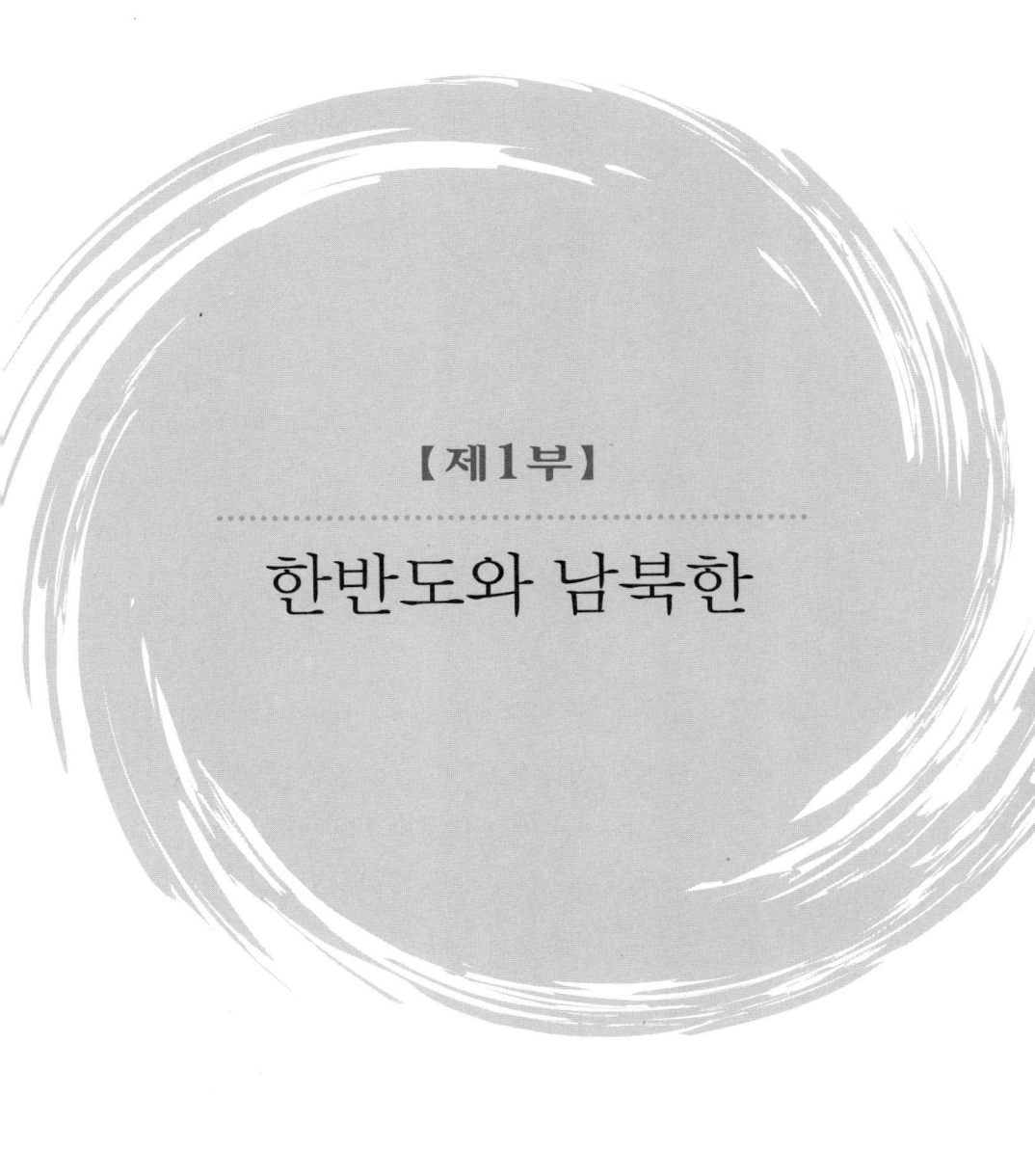

【제1부】

한반도와 남북한

천안함 사건과 한미공조

김현욱
외교안보연구원

천안함 사건이 발생한지 2개월이 넘는 시간이 흘렀다. 5월 20일 발표된 한국 정부의 조사결과로 인해 남북관계는 급속하게 냉각되고 있으며 주변국들의 대응도 상당히 빠르게 전개되고 있다.

북한은 도대체 어떤 이유로 천안함을 침몰시켰는가? 이에는 크게 세 가지 요인을 들 수 있겠다.

첫 번째는 대청해전에 대한 복수이다. 2009년 11월 10일 발생한 대청해전에서 북한 경비정은 한국 측에 의해 반파되어 북으로 귀환하였으며, 이에 대한 복수결의대회가 2010년 2월에 북한에서 열린 바 있다.

두 번째는 북한의 내부적 상황이다. 북한은 현재 권력승계문제, 김정일의 건강문제, 내부적 경제상황 악화 등을 안고 있으며, 이러한 문제점들을 해결하고 대내적 세력결집을 위하여 천안함 사건을 일으켰을 것이다.

마지막으로 6자회담과의 연관성이다. 천안함 사건이 발생하기 직전 북미 양국은 북한의 6자회담 복귀를 위한 협상을 진행하고 있었다. 이러한 상황에서 북한은 왜 천안함을 침몰시켰을까? 역사적으로 북한은 협상과 강경조치를 동시에 병행하는 전략을 사용해 왔다. 1983년 남북미 3자회담의 추진 와중에 북한은 미얀마 랭군테러를 기획했다. 북한은 협상의제의 다양화와 협상 틀의 변화를 목적으로 돌출행위를 실행해왔으며, 이를 통해 협상의 진척을 늦추고 상황을 북한에 유리하게 몰아가는 전략을 취해왔다. 이번 사태 역시 6자회담을 북한에게 유리하게 만들고 회담진척을 늦추려는 목적이 있다 하겠다.

현재 한미 양국은 이전에 비해 상당히 긴밀한 협조관계를 보이고 있다. 현재 진행 중인 한미 간 공조내용은 대체로 4가지로 요약될 수 있다.

첫 번째로, 한미 양국은 천안함 사건의 유엔 안보리 회부에 대해 긴밀한 논의를 하고 있다. 천영우 외교부 차관은 미국을 방문해 스타인버그 부장관과 면담을 하였으며, 안보리 회부의 시기 및 형식을 구체적으로 논의하고 있다. 중국변수 때문에 결의안보다는 의장 성명으로 마무리될 가능성이 있어 보이며, 의장 성명으로 결론이 나더라도 이에 대한 한미 간 후속대책은 지속적으로 논의될 것으로 보인다.

두 번째로, 미국은 북한 잠수정 추적기술을 한국에 제공하기로 결정했다. 한국은 이번 천안함 사건에서 입증되었듯이 현재 해저에서 활동하는 북한의 소형잠수정을 추적 및 대응할 능력이 부족한 상태이며, 이를 위해 미국은 첨단 수중음파탐지기나 공중경보기 기술 등을 한국에 제공하여 한국의 해군력 강화를 위해 지원할 계획이다.

세 번째로, 한미 양국은 서해상에서 대북한 잠수함 훈련을 계획 중에 있다. 미 7함대 소속 9만 7,000톤급 핵 추진 항공모함 조지 워싱턴 호와 이지스 순양함 및 구축함 7~8척, 핵 추진 잠수함 등이 참가한 가운데 실행될 예정이다. 이는 대북한 및 중국에 대한 강력한 메시지 전달의 효과가 있을 것으로 예상된다.

마지막으로 한미 양국은 전작권 이양 연기를 조만간 결론짓기 위해 협의하고 있다. 미국의 안보정책은 전략적 유연성 개념을 중시하고 있고, 이는 한국으로의 전작권 이양을 필요로 하는 것이나, 현재 한국의 안보적 상황을 고려하여 양국은 이양의 연기 발표를 이달 중으로 매듭지을 가능성이 높은 상황이다.

이와 같은 한미 간 공조강화는 기존 부시 정부 때와는 다른 양상이다. 이에는 몇 가지 이유가 있다.

첫째, 작년 6월에 채택된 한미동맹 공동비전에는 동맹의 핵심을 공동의 가치와 상호신뢰 구축에 두고 있다. 이와 같은 동맹의 주요 요소들은 양 국가 간 전략적 이익에만 국한되었던 동맹을 보다 심화된 동맹관계로 변환시키려는 노력을 의미하고 있으며, 이와 같은 동맹 강화 현상은 이번 천안함 사건에서 잘 드러나고 있다고 볼 수 있다.

둘째, 새로이 구축된 한미동맹은 한국의 일방적인 안보수혜로부터 벗어난 보다 균형된 안보협력을 의미하며, 이는 한반도 지역을 벗어나 동아시아 지역과 전세계속에서의 협력을 의미한다. 한국의 아프간 파병과 한미 간 천안함 사건 관련 안보협력은 이러한 맥락에서 이루어지고 있는 것이다.

셋째, 부시 정부가 추진했던 일방주의적인 국방외교노선은 오바마 정부에 의해 폐기되었으며, 현 오바마 행정부는 동맹관계와 국제기구의 역할을 강조하고 있다. 이와 같은 오바마 행정부의 외교정책 기조는 국방검토보고서(QDR), 국가안보전략보고서(NSS)에 잘 나타나고 있으며, 이러한 사항들은 한미동맹관계 강화에 기여한 것이다.

현재 한미 양국은 대북강경책을 추진하고 있으나, 가장 중요한 중국의 협조가 부재한 상황이다. 이는 중국의 대한반도 정책과도 연관이 있다. 중국은 아직까지도 냉전적 사고방식에 사로잡혀 한반도를 바라보고 있고, 중국의 대한반도 정책 우선순위는 한반도의 안정이다. 즉, 중국은 북한의 비핵화보다 한반도 안정을 우선시하고 있으며, 따라서 6자회담의 목적은 북한 비핵화를 통한 한반도의 상황관리인 것이다. 이번 사태에 대해서도 중국 정부는 갈등을 일으키는 어떤 시도에도 반대한다는 원론적인 입장을 내비치고 있으며, 이는 중국의 협조가 보장되는 것을 의미하는 것은 아니다.

중국은 천안함 사건 해결과 6자회담 개최를 동시에 추진하자고 주장하는 반면, 한미 양국은 선 천안함 사건 해결 후 6자회담 개최를 주장하고 있다. 현재 미국 내에는 6자회담이 실패작이라는 의견이 나오고 있으며, 북한이 6자회담으로 복귀하더라도 비핵화의 가능성은 높아 보이지 않는다. 따라서 중요한 것은 천안함 사건 해결과 6자회담 개최에 대한 각기 다른 의견 중 어느 것을 택하느냐가 아니라 북한의 6자회담 복귀 자체가 무의미하다는 사실이다. 더군다나 중국의 한반도 정책 우선순위가 북한 비핵화가 아니라면 더욱 그렇다.

그렇다면 천안함 사건과 관련하여 향후 한미 양국은 어떤 조치를 취해야 할 것인가?

첫 번째는 대중국 정책이다. 현재 한미 간 정책공조의 대부분은 중국이라는 변수에 의해 좌지우지되고 있다. 대북제재의 주요 축의 하나인 유엔 안보리 제재도 중국을 고려하여 의장 성명으로 변경될 가능성이 있는 상황이며, 중국의 협조 없이는 대북제재의 효율성이 떨어질 가능성이 있다. 또한 북한의 핵 폐기 과정 역시 중국의 역할에 따라 그 결과에 차이가 있게 된다. 중국에게 있어서 북한은 중요한 완충지대이다. 북한정권의 불안정 및 붕괴는 한미 양국이 중국의 접경에 위치하는 상황을 가져다 줄 것이며, 이는 중국에게 매우 껄끄러운 일이다. 따라서 한미 양국은 천안함 사건으로 인한 대북 강경대응 의지를 지속적으로 중국에게 전달하고, 중국의 협조 없이는 한반도의 불안정이 해결될 수 없다는 사실을 분명히 해야 할 것이다. 동시에 한국은 중국의 대북한 냉전사고를 무마시키기 위해서 한중FTA와 같은 경제교류를 활성화해야 한다.

둘째는 한미 양국 간 정책공조이다. 이번 사태를 계기로 한미 간 연합방위태세의 변화가 필요하다. 올해 발간된 4년 주기 국방검토보고서(QDR)에서 미국은 다양하고 불특정한 안보위협에 대비하기 위해 유연한 안보정책을 제시한 바 있다. 한미 간 연합방위태세는 이러한 유연한 방위정책기조를 바탕으로 북한의 재래식 군사위협 이외에 다양한 유형의 위협에 대처하기 위한 방위태세를 구축해야 한다. 이는 얼마 전 발행된 핵 태세 검토보고서(NPR)의 내용과도 일치한다. 미국은 확장억지력을 기존의 핵무기 이외에 재래식 전력과 MD체제 등을 통해 추진하겠다고 밝힌 바 있고, 한미 양국은 이러한 다양화된 전력의 추진을 위해 향후 노력해야 할 것이다. 또한 대북 소프트파워 정책을 추진해야 한다. 오바마 행정부는 아프간이나 이라크 등의 국민들이 친미성향을 띠게 하기 위해 연성권력 정책을 추진하고 있으나, 이는 대북정책에 있어서는 부재하고 있다. 현재 북한 내부에서 인민들의 동요가 북한정권에는 큰 위협이 되고 있으며, 한미 양국은 이를 고려한 대북정책이 새로이 추진되어야 할 것이다.

마지막으로 중요한 것은 한미일 3각공조이다. 현재 미일관계의 소원함으로 인해 한국의 역할이 부각되고 있으며, 향후 한미일 공조의 활성화를 위한 한국의 역할은 매우 중요하다. 따라서 이번 천안함 사건을 계기로 한국은 90년대 후반 TCOG 이후 소원해진 3국공조의 제도화를 위해 노력할 필요가 있다.

* JPI PeaceNet 14호 2010년 6월 8일 국문 발간

유엔 안보리 의장 성명 이후 대북정책 추진방향

이봉조
전 통일부 차관

지난 7월 9일 천안함 사건에 대한 유엔 안보리 의장 성명이 채택되었다. 천안함 사건이 발생한지 3개월 반 만에, 그리고 이 사건이 안보리에 공식 회부된 지 35일 만에 천안함 사건 관련 문건이 유엔 안보리에서 나오게 된 것이다. 안보리 상임이사국 사이의 견해 차이와 성명문안의 내용에 대해 논란의 여지가 있을 수 있겠지만, 분명한 것은 천안함 사건에 대한 유엔에서의 조치가 일단락되었다는 점이다. 그렇다고 이를 천안함 사건의 해결로 볼 수는 없을 것이다.

천안함 사건의 본질은 최근 남북 간의 긴장과 대립이 지속적으로 고조되어 왔고 이로 인해 NLL해역의 불안정이 심화되어 온 데서 찾을 수 있다. 즉, 천안함 사건은 남북 간의 문제이기 때문에 종국적으로는 남북 간에 해결되어야할 문제라는 성격을 갖는다. 그렇기 때문에 유엔 안보리에서 분명하고 구속력 있는 조치가 나오기란 애초부터 기대하기 어려웠던 것이다. 천안함 사건 이후 남북관계의 향방은 우리가 천안함 사건의 해결을 어떻게 규정할 것인가와 연관되어 있다. 이명박 대통령은 5월 24일 대국민 담화에서 북한의 '사과와 관련자 처벌'을 요구했다. 그러나 북한이 줄곧 남측의 '날조, 모략극'이라고 주장하고 있는 마당에 북한이 이를 수용할 가능성은 없어 보인다. 더욱이 지금까지 중국과 러시아가 보인 태도나 안보리 의장 성명으로 미루어 보면 북한이 우리의 요구를 수용할 가능성은 전무 하다고 할 수 있다.

천안함 사건은 본질적으로 남북관계 속에서 해결해야 할 문제라면 과연 그것이 어떻게 가능할 것인가가 앞으로의 핵심적 관심사가 될 것이다. 그렇다고 천안함 문제를 당장 남북대화의 틀 속에서 다루는 것은 현실적으로 불가능하다. 남북 간에 신뢰가 소진된 상태에서는 어떠한 성과도 기대할 수 없기 때문이다. 사건 자체의 무게로 보아서도 용이하지 않다. 그렇기 때문에 우리 정부는 애초부터 남북 간의 문제로 접근할 의사가 없었던 것으로 보인다. 유엔 안보리 회부는 당연한 조치였지만 시간이 흐르면서 주변국의 국가이익과 연관되어 관련국들의 태도에서 차이가 나타나기 시작했다. 천안함 사건에 대한 주변국의 견해가 각기 다른 것도 이 문제를 그들 나름의 국익의 관점에서 보고 있음을 의미한다. 이런 상황에서 남북관계는 상당기간 단절과 실종이 불가피해 보인다. 그렇다고 마냥 손놓고 있을 수도 없는 형국이다. 그래서 중간 단계가 필요하다.

7월 9일 유엔 안보리 의장 성명은 "정전협정의 완전한 준수를 촉구하고, 분쟁을 회피하고 상황악화를 방지하기 위한 목적으로 적절한 경로를 통해 직접대화와 협상을 가급적 조속히 재개할 것"을 권장하고 있다. 한편 천안함 사건으로 중단된 북핵 문제 해결을 위한 6자회담 재개 문제도 마냥 미루어 둘 수는 없는 상황이다. 시간이 흐를수록 북한의 핵 능력은 통제 없이 증대될 것이기 때문이다. 이 두가지 현안과제를 충족시키기 위해서는 천안함 사건으로 중단된 6자회담 재개 프로세스를 재가동하는 것이 '적절한 경로'가 될 수 있다. 천안함 사건의 해결방향을 안보리에서 논의하여 의장 성명에 담았다면 6자회담에서는 북핵문제 해결과 함께 안보리의 권장사항을 이행하는 차원에서 '정전협정 준수와 남북 간 분쟁 방지 문제'를 병행 논의하는 방안을 강구해 볼 수 있을 것이다. 6자회담 프로세스에서 어느 정도 진전이 있게 되면 이를 토대로 천안함 문제를 직접 당사자인 남북관계의 문제로 전환하는 방안을 모색하는 것이다.

북한은 안보리 의장 성명에서 북한을 공격의 주체로 명기하지 않은 점과 북한에 대한 추가적인 제재문제가 언급되지 않은데 대해 안도해 할지도 모른다. 이것은 북한으로 하여금 6자회담의 참여에 좋은 구실을 제공한 것으로 보인다. 사실 안보리 의장 성명 채택 직후 북한 외무성 대변인은 "우리는 평등한 6자회담을 통하여 평화협정 체결과 비핵화를 실현하기 위한 노력을 일관되게 기울여 나갈 것"이라는 입장을 밝힌 바 있으며 판문점에서 유엔사와의 대화에도 적극적인 자세를 보이고 있다. 북한이 6자회담에 참여하기 위해 또 다시 전제조건을 제시할 가능성이 있지만 미중이 천안함 사건 이전에 보인 협력 체제를 가동한다면 어렵지 않게 해결 방안을 찾을 수 있을 것이다.

북한이 6자회담에 적극 나설 것으로 보는 이유는 첫째, 현재 북한은 「9.19 공동성명」에 합의한 5년 전 보다 체제 생존이 더욱 긴박한 과제가 되고 있기 때문이다. 연초부터 북한이 계속 제기해 왔던 대북제재 해제요구와 평화협정 우선 논의 주장도 궁극적으로는 경제지원과 체제 안전 보장에 대한 요구이자 "다시는 절대로 참가하지 않겠다"고 공언한 6자회담에 복귀하기 위한 명분 축적용으로 볼 수 있다. 둘째, 추후 6자회담은 과거 남한 정부가 수행해 온 조정자, 촉진자 역할을 중국이 수행할 수밖에 없을 것이라는 점에서 북한이 의장국인 중국의 체면과 입장을 고려하지 않을 수 없을 것으로 보기 때문이다. 셋째, 북한은 남한 정부가 천안함 사건으로 더욱 강경해질 것으로 보고 한반도 문제를 국제화함으로써 남한의 강경공세를 누그러뜨리고 동시에 북중관계 발전과 북미관계 개선의 기회로 삼으려 할 것이기 때문이다.

결과적으로 천안함 사건은 갈 길이 바쁜 김정일 정권으로 하여금 중국에 대한 의존을 심화시키는 한편 상대적으로 우리의 대북 영향력을 제한함으로써 북한을 근원적으로 바꾸어 보려는 이명박 정부의 노력을 무력화할 수도 있다. 더 늦기 전에 6자회담 재개 문제를 진지하게 검토해야 하는 이유이다.

유엔 안보리 의장 성명 채택 이후 상황에서 대북정책의 방향은 먼저 상황관리에 주력하면서 그동안의 단선적인 정책에서 벗어나 보다 종합적이고 입체적인 대북정책을 수립하는 것이다. 천안함 사건과 이후 조성된 정세변화를 냉정하게 평가하고 대북정책을 보완하는 계기로 삼는 지혜가 필요하다. 우리가 전략과 대안을 갖고 주도하지 못하면 미국과 중국의 전략이 한반도에서 각축을 하게 되고 결국 한반도 문제의 주도권을 미국과 중국이 쥐게 되는 결과를 초래하게 될 것이다. 남북이 모두 더 이상 실패하지 않으려면 국력이나 국제 사회의 위상이 북한에 비해 월등한 위치에 있는 우리로부터 새로운 돌파구가 나와야 할 것이다. 압박정책만으로는 문제 해결이 불가능하다. 우리가 갖고 있던 대북 레버리지가 이미 소진된 상태에서 5.24 조치는 실효성을 갖기가 어렵다. 그나마 북한에 대해 취할 수 있는 상정 가능한 조치들을 한꺼번에 모두 열거함으로써 실질적인 조치가 이루어지지 못했을 뿐 아니라 추후 대응을 어렵게 하는 결과가 되고 말았다. 북한의 책임을 묻기 위해 안보리에 회부는 하였으나 의장 성명 선에서 절충이 되었고 내용 또한 5.24 조치에서 기대했던 것과는 거리가 있어 보인다.

그렇기 때문에 당장은 어렵겠지만 안보리 의장 성명에서 권장한 '적절한 경로를 통한 직접대화와 협상'에 입각한 출구전략의 모색이 불가피할 것으로 보인다. 결론적으로 현 상황에서 대북정책을 재정립하기 위해서는 첫째, 안보리 논의의 종결을 기점으로 그동안 북한에만 초점을 맞춘 대북정책을 동북아라는 보다 큰 틀 속에서 북한 문제에 접근하는 정책으로 전환을 모색하는 것이다. 둘째, 이러한 맥락에서 과거와 달리 생산적인 6자회담이 되도록 우리가 대안을 갖고 적극 나서고 6자회담의 진전을 남북관계 정상화의 계기로 활용하는 세밀한 정책 조정이 필요하다. 셋째, 6자회담에서 북한이 비핵화에 보다 적극적이고 긍정적인 조치를 취하도록 하기 위해서는 중국과의 협력을 강화하는 것이 무엇보다 중요하다. 한중협력을 통해 천안함 사건에서 비롯된 불신을 해소하고 6자회담의 진전에 대한 담보를 확보하는 것이다. 넷째, 6자회담이 어느 정도 궤도에 오르게 되면 남북 직접대화를 통해 NLL에서의 긴장해소와 분쟁 방지를 위한 대책을 강구하는 것이다. 물론 쉽지 않겠지만 가능하다면 G20 정상회의 이전에 이런 여건이 마련된다면 회의의 성공적 개최에도 기여하게 될 것이다. 현 단계에서 남북관계를 정상화하는 일은 매우 어려운 과제임이 분명하나 가변적 요소 또한 적지 않기 때문에 여지를 열어 놓고 다양한 대안을 강구하는 것이 긴요하다.

---

* JPI PeaceNet 18호 2010년 7월 27일 국문 발간

북한의 내부 정세 변화와 과도기적 위기관리

진행남
제주평화연구원

북한의 내부 정세 변화를 외부에서 정확히 들여다보기란 결코 쉽지 않다. 북한의 체제가 워낙 폐쇄적인데다 특히 근래 들어 북한의 내부 정세는 매우 유동적이어서 예측불허의 불안정한 상태에 놓여 있기 때문이다. 하지만 이러한 내부 정세 변화의 몇 가지 요인들은 그리 어렵잖게 짚어볼 수 있다.

▎북한 내부정세 변화요인

첫째, 김정일 국방위원장의 유일 영도체제인 북한으로서는 그 절대 권력자의 건강 이상으로 후계체제를 비상하게 빠른 시일 내에 구축해야 하는 형편인 점이다. 북한은 금년 들어 전례 없이 한 해에 두

차례나 최고인민회의를 연 데 이어 오는 9월에는 44년 만에 당대표
자회를 개최할 예정이다. 이는 모두 내부체제 강화를 겨냥한 것으로,
후계세습 등을 둘러싼 체제의 동요가능성을 차단하고 취약성을 보
강하려는 게 그 배경이라 하겠다.

둘째, 화폐개혁 실패를 분수령으로 민심이반이 가속화되고 있는 점
도 북한의 내부 정세를 불안정하게 만들고 있다. 과거 같으면 북한
의 체제 특성상 민심은 내부 정세에 큰 변수가 되지 않았을 것이다.
그러나 후계세습을 정당화하기 위해 민심을 다독일 '당근'이 절대
로 필요한 시점에서, 북한은 심화된 경제난 등으로 이 '당근' 확보
가 여의치 않아 보인다. 연초에 김정일 위원장이 이른바 '이밥에 고
깃국'이 아직도 달성치 못한 유훈임을 자인한 것도 이를 입증하는
셈이다.

셋째, 북한 정권이 내부 정세를 추스르기 위해 하드파워에 더욱 의
존하려는 경향이 노골화되고 있는 점이다. 화폐개혁 실패의 책임을
지워 박남기 당 계획재정부장을 총살하는 등 최근 들어 잦아진 공개
처형설은 북한의 대내적 소프트파워 자원의 고갈을 시사한다. 이는
동시에 체제의 결속력이 그만큼 약화되고 있음을 의미한다.

넷째, 시장을 통한 빠른 정보유통, 정치적 무관심과 물질추구 등 지
배적 사회가치의 변화, 사적 영역과 공공 영역의 혼재 등은 북한의
통치시스템 작동을 교란하고 있다. 이 또한 내부 정세에 적지 않은
영향을 미치는 요인으로, 체제의 내구력이 소진되고 있음을 뜻한다.
이 밖에도 후계체제와 대내외정책 등을 둘러싼 노동당과 군부의 경

쟁과 견제 등 내부 정세에 큰 영향을 미칠 요소들은 도처에 도사리고 있다. 따라서 이와 같은 여러 요인들이 서로 상승작용을 일으키면서 북한체제를 '과도기적 위기' 상태로 몰아넣고 있다 하겠다.

▌ 과도기적 위기에 대한 미중의 대응

북한의 과도기적 위기가 한반도와 동북아에 미치는 파급력은 결코 만만치 않다. 최근의 천안함 사건만 하더라도 북한의 이러한 심상치 않은 내부 정세의 외부적 투영이라고 보는 전문가들이 있다. 천안함 폭침의 원인이 단지 대청해전에 대한 보복 차원만은 아니라는 것이다. 북한은 내부 정세의 불안과 갈수록 차오른 불만을 외부로 돌림으로써 내부적 단결을 도모하는 동시에, 이를 후계세습의 정당성으로 연결시키기 위해 천안함 공격의 그림을 그렸을지도 모른다. 이러한 천안함 사건이 일으킨 파장은 일거에 한반도를 뛰어넘어 동북아 정세를 뒤흔들어 놓았다.

더욱이 문제는 2012년 강성대국 건설을 외치고 있는 북한에게 시간은 그들의 편이 아니라는 점이다. 북한 지도부가 '약속의 해'가 다가오면서 뭔가를 보여줘야 한다는 강박관념에 사로잡혀 '더 큰 일'을 저지를 가능성도 있다는 점을 간과해선 안 된다. 한마디로 북한체제의 과도기를 어떻게 관리할 것인가 하는 엄중한 과제가 우리에게 주어진 셈이다.

중국이 '북핵문제'와 '북한문제'를 분리하여 북핵문제보다 한반도의 안정을 우선시하는 것도 북한의 과도기에 대한 중국 나름의 관리 전략이라 할 수 있다. 중국으로서는 한반도 안정이 자국의 지속적인 경제발전을 위해 필수적이라는 사실을 국익차원에서 가장 먼저 고려하고 있음은 말할 것도 없다. 중국은 한반도의 안정적 관리를 위해 6자회담의 조속한 재개를 주장하고 있다. 물론 여기에는 천안함 사건을 계기로 동북아에서 크게 강화된 미국의 입지를 견제하고 동북아 정세를 자신들이 주도하겠다는 계산도 깔려 있다고 하겠다.

또한 최근 한·미 연합 해상훈련을 두고 중국이 보인 과민 반응은 이제 한반도 문제가 얼마든지 주변 강국의 게임으로 변질되어 확산될 수 있음을 보여준다. 말하자면 천안함 사건은 우리에게는 기본적으로 남북문제이겠지만, 미·중 간에는 동북아에 대한 영향력을 놓고 벌이는 줄다리기 소재로도 된 측면이 있다.

최근 들어 미국이 국내법에 의거해 추진하고 있는 강도 높은 대(對)이란 제재방식과 달리, 북한에 대해서는 강제성 없는 행정명령에 의해 '너무 가혹하지도 약하지도 않게' 제재하려는 것은 되새겨 볼 점이 있다. 이는 대북 금융제재와 핵 실험의 악순환을 감안한 것이기도 하지만, 북한에게 '진정성 있는 대화'에 복귀할 수 있는 퇴로를 막지 않으려는 원려도 작용하고 있는 것으로 읽힌다.

▎천안함 이후 대북정책을 위한 고려사항

북핵의 민감성에 대해 한국이 느끼는 강도는 중국과 분명 다르다.

북한의 과도기적 위기에 대한 대응의 논리와 그 방식에 있어서도 한국과 중국은 기본적으로 다를 수밖에 없다. 하지만 '시한폭탄'과 같은 북한의 과도기적 위기를 관리하지 않고 방치할 수만은 없는 게 남북관계의 현실이다. 따라서 우리 정부로서도 머잖아 천안함 사건의 출구전략을 진지하게 모색해야 할 시점이 도래할 것으로 보인다. 단절된 남북 간 대화의 복구가 그러한 출구전략의 첫 수순이 될 수밖에 없다.

그럼에도 불구하고 천안함 사건의 후폭풍이 워낙 커서 남북 당국 간 대화가 조기에 이뤄질 가능성은 별로 없어 보인다. 따라서 정부는 우선 북한 주민의 절박한 식량난을 덜기 위해 WFP(세계식량계획) 등을 통해 쌀을 지원하는 문제를 전향적으로 검토해 볼 필요가 있다. 인도적 차원에서도, 또 북한 주민의 민심을 얻는 차원에서도, 이에 대해 엄격한 상호주의 잣대를 들이대는 것은 바람직하지 않다. 이와 함께 남북 간 민간차원의 교류협력을 단계적으로 복원시키는 방안도 고려해 볼만하다. 남북은 어떠한 상황에 처하더라도 그 관계를 완전히 단절할 수는 없는 숙명을 안고 있기 때문이다. 그리고 우리 정부로서는 당장은 아니겠지만 미국이 대북 제재와 함께 6자회담 재개 카드를 꺼내는 '제재와 대화'의 투트랙을 구사할 때를 대비해 우리 나름의 치밀한 전략과 대응 방안을 마련해 두어야 할 것이다.

* JPI PeaceNet 20호 2010년 8월 11일 국문 발간

천안함 사태 이후
한·러관계의 전개와 핵심과제

박종수
상트페테르부르그국립대학교

지난 3월 26일 발생한 천안함 침몰사건은 전 세계의 이목을 한반도로 집중시켰다. 주변국 간 이해관계가 첨예하게 대립하고 있는 지정학적 특성 때문이다. 우리 정부는 미국, 영국, 호주, 스웨덴, 인도네시아 등 6개국 국제합동조사단을 구성하여 객관적인 원인규명에 주력했다. 조사단에는 러시아와 중국이 포함되지 않았다. 이명박 대통령은 5월 24일 담화문 발표를 통해 천안함이 북한의 어뢰공격에 의해 침몰한 것임을 밝혔다.

국제사회의 지지를 확보하기 위한 정부차원의 외교활동과 함께 러시아 대통령에게도 전화를 걸어 사건 전모를 직접 설명하고 조사단 파견을 요청했다. 이에 러시아 대표단은 6월 1일부터 약 1주일 간 별도조사 후 귀환했다. 우리 정부는 유엔 안보리 이사회에 대북 제재안 상정을 추진하면서 러시아로부터 긍정적 답변을 기대했다. 안보리는 천안함 공격을 규탄하는 의장 성명을 채택했으나 러시아와 중국의 반대로 북한을 직접적으로 비난하는 수준에는 이르지 못했다. 이러한 러시아 정부의 태도에 대해 이명박 대통령이 적지 않게 실망했다는 후문이다. 우선 한·러 수교 전부터 시베리아 벌판을 누비면서 대러 진출의 의지를 불태우며 애증을 쌓아왔고, 대통령 취임 이후에도 수차례 정상회담을 통해 양국 간 전략적 우의를 다져왔었기 때문이다. 배신감을 느끼지 않을 수 없었을 것이다. 그렇다고 언제까지 러시아를 비난만 할 것인가. 국가 간 관계가 흔히 그렇듯이 갈등이 있으면 화해도 있는 법이다. 요체는 갈등의 원인을 보다 냉철하고 객관적이며 지극히 현실적으로 분석하는 것이다.

첫째로, 수교 후 20년간 협력관계를 지속하면서 흔히 간과해 온 매우 초보단계의 고려사항이 있다. 러시아인들의 신중한 기질과 여유 있는(?) 국민성이다. 구소련 말기에 빵 한 조각을 사기 위해 영하 20도의 추위에서도 장시간 줄을 서서 기다리는 국민들이다. 어쩌면 지정학적 특수성과 수난의 역사를 경험하는 과정에서 체득한 습관인지도 모른다. 반면 한국인들은 조급하고 역동적이다. 우리 정부는 대북 제재안을 유엔 안보리 이사회에 회부하는 로드맵을 설정해놓고 러시아로부터 신속한 조사결과를 기다리고 있었다. 단적으로 그러한 기대는 과욕이었다.

둘째로, 천안함 사태를 조율하는 절차상의 문제와 외교적 테크닉이다. 국제합동조사단에 러시아와 중국을 누락시킬 수밖에 없었다면, 그 불가피성을 사전에 납득시키는 외교적 노력이 필요했다. 또한 정상 간 핫라인을 통해 직접 설명해 주는 배려까지도 좋았다. 그러나 국내언론들은 청와대 발표를 근거로 "메드베데프 대통령이 이명박 대통령에게 직접 전화를 걸어 천안함 사태와 관련해 우리 정부와 긴밀하게 협력할 준비가 돼 있다"고 보도했다. 즉, 러시아 대통령이 우리 대통령에게 저자세를 보였다는 뉘앙스로도 해석될 수 있다. 그러나 5월 25일자 크렘린 홈페이지에는 'разговор состоялся по инициативе южнокорейской стороны'(통화가 한국 측의 주도로 이루어졌다)라고 실려 있다. 대수롭지 않은 일로 간주해서는 안 될 것이다.

더 나아가 우리 정부가 조사단 파견을 요청했고 러시아는 이에 응해 온 것이다. 물론 러시아는 천안함 사태를 비롯한 한반도 안보현안에 뒤늦게나마 초대받아 관여할 수 있는 실익을 얻었다. 조사결과를 빨리 통보해 달라는 우리 측의 조급성은 오히려 '천안함 사건 주범=북한'을 입증하는 본질을 퇴색시키고 북한을 자극하고 싶지 않은 러시아 측에게 구실을 주었다고나 할까. 유감스럽게도 신중하지 못한 외교적 접근방식으로 인해 내용마저 그르치는 상황을 연출했다고 볼 수 있을 것이다.

셋째로, 대(對)테러 문제는 러시아의 아픔 및 자존심과 밀접한 상관관계가 있다. 소련 붕괴 이후 현재까지 러시아는 수차례에 걸쳐 체첸 반군의 테러에 시달려 왔다. 불과 몇 개월 전만 해도 모스크바 중심부에서 대규모 지하철 테러사건이 발생했다. 푸틴은 2000년 대통령 취임사에서 '21세기는 테러와의 전쟁'임을 예고하며 국제사회의 공동대처를 호소했다. KGB 후신인 연방보안부(FSB)는 2002년부터 전 세계 정보기관을 초청하여 대규모 대(對)테러 국제회의를 매년 개최하고 있다. 희생도 큰 만큼 노하우도 적지 않다. 노하우가 많기에 자존심도 강하다. '북한 테러에 의한 천안함 침몰'에 쉽게 동의하지 않을 것이라는 러시아 측의 신중함과 부담감을 짐작해 볼 수 있다.

금번 천안함 사태는 한·러 수교 20년의 현주소와 양국관계의 한계를 적나라하게 보여주는 사례로 볼 수 있다. 지나친 대미 동맹을 고집함으로써 20년간 맺어온 또 다른 주변 우방국들과의 관계에 흠집을 남겼다. 다니엘 벨이 '이데올로기의 종언'을 고한지도 수십 년이 지났다. 사회주의권의 연쇄 붕괴 및 1990년 한·러 수교, 1992년 한·중 수교와 함께 냉전은 오래전에 끝났다. 그러나 우리는 여전히 냉전적 사고에서 탈피하지 못하고 있으며 오히려 한반도에는 신냉전의 도래를 스스로 자초하는 측면도 적지 않다. 21세기 디지털시대에서 아날로그 방식으로는 생존할 수 없다. 강국으로 둘러싸인 한반도의 지정학적 특성에 비추어 힘의 균형을 상실하는 순간에 대한민국호는 천안함의 운명을 반복할지도 모른다. 구한말 서세동점의 소용돌이와 열강의 각축전 속에서 얻은 소중한 교훈을 결코 망각해서는 안 될 것이다.

그렇다면 천안함 사건을 계기로 악화된 한·러 관계를 어떻게 수습할 것인가. 임시방편의 임기응변식 대처방식은 바람직하지 않다. 근본적 치유가 요망된다.

첫째로, 인적 자원을 확보해야 한다. 수교 후 20년이 지났지만 러시아 관련 인력이 절대 부족하다. 동일 사회주의 국가인 중국만 해도 냉전 당시 대만의 존재가 중국 전문가를 필요로 하는 요인이 되었고, 한국어를 구사하는 조선족도 많았다. 그러나 러시아의 경우는 수교 전까지 전문가다운 전문가도 별무했고, 수교 후에도 소련 붕괴에 따른 러시아 무시 경향이 전문 인력 배출에 부정적으로 작용했다. 게다가 한국어를 이해하는 고려인도 극소수에 불과했다. 외교는 대통령을 비롯한 소수 고위관료의 전유물이 아니다. 하부구조가 허약한 상태에서 최고 통치권자의 의지가 제대로 실현될 리 만무하다. 청와대를 비롯한 외교안보 라인에 러시아 전문가가 몇 명이나 포진되어 있는지 반문하지 않을 수 없다. 이젠 국가 차원에서도 러시아 전문가에 대한 배려 및 관리에 소홀해서는 안 될 것이다. 시장경제 원리에만 맡겨 두기에는 국가의 백년대계가 위태롭다.

둘째로, 내재적 관점에서의 접근이다. 우리 입장에서만 더이상 러시아를 바라보지 말아야 한다. 구한말 당시의 아관파천처럼 좌충우돌의 역사적 시행착오를 반복해서는 안 될 것이다. 남북분단의 비극이 주변강국에 의해 강요당했듯이 한반도의 운명은 빈번히 외부의 입김에 좌우되어 왔다. 바로 한반도가 국제사회에서 차지하는 지정학적 이유 때문이다. 더욱이 레드콤플렉스의 구태로 인해 러시아 카드를 사장시키거나 악화시키지 말아야 한다. 천안함 사태의 안보리 회부를 앞두고 행여 우리 정부가 러시아의 조연을 기대했다면 안일한 판단이었다. 러시아는 지난 세기말의 과도기적 혼란을 극복하고 21세기 진입과 함께 강국으로서의 국제적 위상을 꾸준히 회복해 가는 안보리 상임이사국이다. 러시아 당국은 천안함 사태관련 국제사회의 제재가 북한 지도부에 통하지 않을 것이며 사태 해결에 도움이 되지 않는 것으로 인식하고 있다.

셋째로, 이젠 출구전략을 세워야 할 때다. 국제법상 영원한 미제로 남을 수도 있는 천안함 사태로 인해 한·러 관계가 더 이상 악화 내지 답보상태에 놓여서는 안 된다. 1964년 8월 북베트남 통킹만에서 침몰했던 미국 해군함정의 사례를 반면교사로 삼아야 할 것이다. 베트콩 어뢰정 공격을 받았다는 미국 측의 주장은 베트남전쟁의 구실이 되었고 수년간 지속된 소모전은 결국 미국의 실패로 끝나고 말았다. 2000년 8월 바렌츠해에서 침몰한 러시아 핵 잠수함 쿠르스크호 사건도 참고할 필요가 있다. 갓 출범한 푸틴 정권이 최대의 정치적 위기를 맞았으나 전화위복의 기회로 삼았다.

러시아 측의 조사결과가 우리 정부의 입장과 상반된다고 해서 언제까지 갑론을박할 수 없다. 지난 4월 2일 볼쇼이극장에서 개최된 수교 20주년 개막식은 천안함 사건으로 인해 축제분위기를 연출할 수 없었다. 그 후 7개월간 지속된 각종 수교기념 행사도 양국 국민들의 관심 밖으로 밀려났다. 수교 20주년 폐막행사와 〈한·러 대화〉 포럼이 오는 11월초 G20정상회의 직전에 마지막 행사로 예정되어 있다. 특히 양국 정상의 참석 하에 출범할 〈한·러 대화〉 포럼은 양국간 신뢰 회복 및 관계 발전을 위한 모멘텀으로 활용할 수 있다. 천안함 사태로 인한 불협화음을 봉합하는 출구전략의 기회로 삼아야 한다는 것이다.

---

* JPI PeaceNet 21호 2010년 8월 25일 국문 발간

대북 인도지원의 해법

권태진
한국농촌경제연구원

금년 여름 한반도의 기상이 심상치 않다. 태풍 곤파스가 한반도의
허리를 가로지르는 바람에 많은 국민들이 피해를 입더니, 추석을 맞
이하려는데 느닷없이 시간당 100mm의 기록적인 폭우가 쏟아져 이
재민이 발생하였다. 북한은 7월 중순부터 9월 초까지 다섯 차례 폭
우가 발생하여 많은 이재민과 재산 피해가 발생하였다. 특히 신의
주 지역의 피해는 심각한 상황이다. 이를 계기로 우리 정부는 북한
에 100억 원 상당의 긴급구호지원을 제의하였고, 북한은 우리의 제
의를 받아들이고 쌀을 포함하여 수해복구 물자를 지원해 달라고 요
청하였다. 여기에 그치지 않고 북한은 이산가족 상봉도 제의하였다.

▌북한 식량난의 원인

지금까지의 관례에 비추어 북한이 대한적십자사에 식량지원을 요청한 것이나 이산가족 상봉을 먼저 제의한 것은 뜻밖의 일이다. 우리가 북한에 먼저 긴급수해복구 지원을 제의하기는 하였으나, 북한이 꼭 집어 쌀을 지원해 달라고 한 것은 흔치 않은 일이다. 남북한은 그 동안 너무 긴 시간 동안 대화가 단절되고 긴장이 축적되었기에 양측 모두 대화의 돌파구를 찾아야 할 시점에 북한에서 수해가 발생한 것이다. 수해는 자연스럽게 남북한 사이의 대화를 매개하는 촉매제가 된 듯싶다.

사실 북한이 겪고 있는 식량난은 자연재해보다는 인재가 근원적인 원인이다. 자연재해를 키운 것도 정책의 실패 때문이다. 그렇지만 북한은 절대수령인 통치자의 잘못을 인정하기 어려운 체제이다. 이런 상황에서 수해가 발생하여 현재 겪고 있는 식량난을 통치자의 잘못이 아니라 자연재해의 탓으로 돌려 통치자에 대한 주민들의 불만을 무마하려는 것이다.

북한은 금년 여름 수해가 아니어도 식량난을 겪을 수밖에 없었다. 가깝게는 지난해 가을 수확 이후 100만 톤 이상의 식량 부족이 예상되었다. 좀 더 과거로 거슬러 올라가면 2004년 북한이 더 이상 국제사회의 긴급식량지원을 받지 않겠다고 공언할 때부터 예상된 일이었다. 왜냐하면 북한은 자체적으로 식량문제를 해결할 능력이 없기 때문에 국제사회의 지원에 의존해야만 하는데 국제사회의 지원을 받지 않겠다고 했으니 어느 누가 북한에 식량 지원을 하겠는가. 게

다가 북한은 '미사일 발사다, 핵 실험이다'라면서 국제사회의 반발을 살만한 일은 죄다 저질렀다. 북한이 국제사회의 규범을 모르는 것일까, 무시하는 것일까?

▍인도적 지원에도 규칙이 있다

우리나라는 지난해 말 경제협력개발기구(OECD)의 개발원조위원회(DAC) 회원국이 되었다. 그야말로 원조를 받는 나라에서 주는 나라로 탈바꿈한 것이다. 그동안 원조의 방법을 둘러싸고 국제사회는 많은 갈등이 있었다. 자칫 원조가 수원국 국민의 인도적 상황을 개선하기보다는 독재 권력의 집권을 연장시키고 살찌우는 도구로 잘못 사용될 수 있기 때문이었다. 아시아나 아프리카의 여러 나라들이 이러한 의심을 받고 있다. 이러한 문제를 피하기 위하여 유엔은 1991년 12월 총회에서 인도지원 원칙을 결의하였다. 여러 가지 원칙이 있지만 식량지원과 관련해서는 다음과 같은 세 가지 원칙이 중요하다.

첫째, 지원을 받고자 하는 나라는 먼저 도움을 요청하고 지원에 동의해야 한다. 긴급재난을 당한 나라는 일차적으로 자국 국민의 인도적 문제를 책임져야 하며 필요한 경우 이차적으로 다른 나라에 도움을 청하는 것이 원칙이다. 그래야만 긴급재난을 당한 나라가 주권을 보장받을 수 있다.

둘째, 인도지원의 수혜자가 누구인지 대상을 명확히 설정해야 한다.

수혜자가 긴급재난을 당한 국가의 모든 국민일 수도 있지만 특정 지역 또는 특정 계층에 한정되는 경우가 일반적이다. 수혜자를 한정해야만 지원의 효과가 극대화될 수 있다.

셋째, 수혜자가 당초 목표대로 인도지원을 받았는지, 또한 지원의 효과가 있었는지 확인할 필요가 있다. 이 과정을 통상 모니터링이라고 하는데, 분배의 투명성 확인이라는 목적도 있지만 좀 더 효과적인 지원을 위해서도 필요하다.

위의 원칙은 수해와 같은 긴급인도지원뿐만 아니라 복구지원이나 개발지원에서도 공통적으로 적용된다. 개발지원의 경우 긴급인도지원에 비해 더욱 엄격한 원칙과 복잡한 절차가 충족되어야 한다. 따라서 이번의 대북 수해복구지원에 있어서도 우리가 지원하는 쌀과 복구지원 물자에 대해서는 수혜를 받는 북한과 사전에 위의 원칙에 대해 협의한 후 지원을 개시하는 것이 순서이다. 이산가족 상봉을 수해복구지원의 반대급부쯤으로 생각해서는 곤란하다. 북한이 하필 이 시점에 이산가족 상봉을 먼저 제의했는지 궁금하다. 앞으로 더 큰 규모의 대북 식량지원을 논의할 때는 긴급인도지원 이상으로 원칙에 더욱 충실해야만 국민의 동의를 얻을 수 있으며 국제사회로부터 신뢰를 받을 수 있다.

▌개발지원으로의 연계가 필요하다

긴급인도지원은 말 그대로 긴급히 인도적 상황을 개선하기 위해 취하는 조치이다. 그런데 북한의 인도적 상황은 단기간에 개선될 조짐을 보이지 않고 있다. 금년 여름의 나쁜 기상은 내년의 식량상황을 더욱 어렵게 할 것으로 예상된다. 북한은 내년에 더 많은 국제사회의 도움을 필요로 하게 될 것이다. 그리고 내년을 넘긴다고 해서 식량상황이 개선될 것이라는 보장도 없다.

북한이 식량문제를 근본적으로 개선하기 위해서는 북한 자체의 노력과 함께 국제사회의 개발지원이 동시에 추진되어야 한다. 긴급인도지원과 개발지원이 병행되어야만 식량을 둘러싼 북한 주민의 인도적 상황이 개선될 수 있다. 그런데 개발지원이 추진되려면 단순히 북한 주민의 인도적 상황이 나쁘다는 것만으로는 부족하다. 북한이 인도적 상황을 적극적으로 개선하려는 모습을 국제사회에 보여줘야 하고, 국제사회를 적극적으로 설득해야만 개발지원이 추진될 수 있다. 북한이 국제사회의 일원으로서 책임 있는 행동을 할 때비로소 국제사회는 북한의 개발지원에 동의하게 될 것이다.

남북한 관계의 특수성을 고려할 필요는 있지만 이를 지나치게 강조해서는 안 된다. 우리가 북한을 지원함에 있어 남북관계의 특수성을 강조하여 국제규범에 어긋나게 행동하면 우리는 국제사회로부터 따돌림을 받게 될 것이다. 어려운 처지의 국민에게 도움을 주더라도 국격이 높아지기는커녕 비난의 대상이 될 것이 뻔하다. 국제사회가 애써 합의한 원칙과 규범이 무너지면 인류가 지향하는 평화와 번영을 달성하는 데 커다란 장애물이 생기기 때문이다. 혹자는 인도적 지원이라 할지라도 정치적 상황을 고려하지 않을 수 없다고하지만 인도적 문제와 정치 문제와의 연계성을 줄여나가야만 선진국으로 도약할 수 있다. 이제 얼마 후면 G20 정상회담이 한국에서 개최된다. G20 의장국으로서 우리는 국제사회의 책임 있는 국가로 당당하게 행동해야 되지 않겠는가.

---

* JPI PeaceNet 25호 2010년 9월 27일 국문 발간

북한의 대미외교: 최근의 추세와 그 함축성

차두현
한국국제교류재단

지난 8월 25일 지미 카터 前 미국 대통령은 전격적인 평양 방문을 통해 선교 목적의 무단 입북으로 인해 7개월여 동안 억류되어 있었던 미국인 아이잘론 곰즈(Aijalon Gomes)를 석방시키는 데 성공하였다. 카터가 방북 목적을 철저히 억류 미국인 석방이라는 인도주의적 목적에 국한하였고, 2009년의 클린턴 前 미국 대통령 방북 때와는 달리 김정일 면담 역시 성사되지는 못했지만, 어쨌든 미·북 양국은 곰즈를 매개로 또 한번의 소통을 이루었다.

▌북한의 '인질외교': 의도된 책략인가, 우연한 기회인가?

흥미 있는 것은 카터 방북을 전후한 상황의 맥락이 2009년 클린턴의 평양 방문 당시와 매우 유사하다는 것이다. 미·북 간의 공식적 대화채널은 단절된 상태였고, 장거리 미사일 발사 및 2차 핵 실험(2009년), 천안함 사태(2010년) 등 북한의 강경 대외정책으로 인해 경색국면의 돌파구를 찾기가 어려운 상황이었다. 그럼에도 불구하고, 대화 재개를 향한 주변국들의 물밑 외교전이 서서히 속도를 더하고 있던 시기에 미국의 전직 최고지도자가 평양을 방문했다. 물론, 미국 측이 여전히 천안함 사태에 대한 북한의 성의 있는 접근이 없는 한 대북 대화의 재개가 어렵다는 입장을 유지하고 있지만, 북한뿐만 아니라 주변국들 모두가 천안함 이후 국면에 대한 출구전략(exit strategy)을 본격화하고 있는 것은 분명하다.

비록 본격적인 미·북 대화로 연결되지는 못했지만 클린턴 방북은 2009년 하반기의 상대적인 해빙무드의 촉매제 역할을 했다. 북한은 그 직후 현정은 현대아산 회장의 방북을 허용했고, 김대중 前 대통령 장례식에 조문사절단을 파견하였다. 남북한 간에는 추석 기간을 전후한 이산가족 상봉이 실현되었다. 카터의 방북을 단순한 개인 자격의 활동으로만 바라보기 어려운 이유도 과거의 사례가 주는 교훈 때문이다. 적어도 북한의 입장에서는 자신들이 대화 재개를 향한 유연한 입장을 지니고 있음을 대외적으로 과시하는 한편, 미국 측에 모종의 메시지를 전달할 기회로써 미국인 억류 국면을 활용한 것이다. 전반적인 상황 간의 결합이 너무 절묘하기에 일부에서는 북한의 '인질외교'가 이제는 대미정책의 한 수단으로 정착된 것이 아닌가 하고 전망하기도 한다.

북한이 대미외교에 활용하기 위해 일부러 미국인들을 억류했다고 단정하기는 힘들다. 아니, 오히려 이러한 시각에 몰입될 경우 인과관계와 상관관계를 혼동하는 전형적인 순환론적 오류에 빠질 수도 있다. 2009년 한국계 유나 리와 중국계 로라 링 두 기자가 국경침범 혐의로 북한군에 체포될 당시에는 북한의 고의성이 의심될 소지가 존재하였다. 반면 곰즈의 경우, 다른 국가의 시각에서 보더라도 불법 입국이라는 지적을 면키 어렵다. 또한, 만일 북한이 미국 국적자들을 외교적인 인질로 활용하려 했다면, 왜 곰즈에 앞서 불법입북 명목으로 체포되었던 로버트 박을 활용하지 않았는지를 설명하기 어렵다(로버트 박은 2달여의 북한 억류 후 중국 추방 형식으로 석방되었다). 그럼에도 불구하고 북한이 미국과의 대화 재개를 통해 양자 간 직거래 관계를 조기 개설하기 위해 부심하고 있으며, 억류 국면을 그 돌파구를 여는 기회로 활용하려 했다는 설명은 가능하다. 북한이 최근 강석주, 김계관, 리용호 등 대미 외교의 핵심 3인방을 모두 내각에서 승진시킨 조치 역시 향후의 대미 접근을 향한 포석으로 이해될 수 있다. 미국의 입장에서도 '인질'은 인도주의적 문제 해결이라는 명분을 제공함으로써 한·미 공조에 대한 부담 없이도 대북 접촉이 가능한 분야임을 유념해야 한다.

▌미·북 관계: 상호 인식과 갈등요인의 변화

북한의 대미전략을 제대로 이해하기 위해서는 무엇보다 그동안 미국과 북한 간의 상호 인식과 갈등요인의 변화과정을 살펴볼 필요가 있다. 북한에게 있어 냉전시기의 미국은 '한반도 혁명'을 가로막고 있는 가장 큰 걸림돌이었고, 가능한 배제하고 타도해야 할 존재였다. 그러나 1990년대 이후 북한에게 있어 미국은 정권 및 체제 생존에 있어 점차 주요한 변수로 부각되기 시작하였다. 舊소련의 붕괴, 동구권 자유화 등의 국제환경 변화에서 유일 초강대국으로 떠오른 미국의 우월성을 인정하는 것이 불가피해졌으며, 미국이 주도하는 국제경제질서와의 관계 형성이 이미 당시부터 심각한 문제가 되고 있었던 북한의 경제적 난국 탈피의 관건이라 인식된 것이다. 이에 따라 북한은 1994년의 김일성 사망을 전후하여 미국과의 대화를 적극 추구하는 정책을 전개하는 한편, 대미 레버리지의 강화 측면에서 미국 주도의 세계질서에 대응하기 위한 외교정책을 강력히 추진하면서 '벼랑 끝 전술'을 구사해 왔다. 즉, 미국이 북한에 대해 구사할 수 있는 정권/체제 변환(regime transformation) 정책을 차단하는 한편, 미 · 북 직거래 관계의 개설을 통해 북한이 얻을 수 있는 이익을 최대화한다는 구상하에 핵과 탄도미사일을 협상수단으로 활용해 온 것이다.

이러한 북한의 대미 인식변화는 미국의 대북 인식변화와 맞물리면서 미 · 북 관계의 갈등 및 협력 요인을 동시에 조성하였다. 냉전기간 동안 북한은 동서대립체제하에서 동북아 축선에 위치하는 소련 및 중국의 대리자(proxy)에 불과하였다. 또한, 탈냉전 초기에는 변방의 '악당국가(rogue states)'로서 핵 등 위험한 대량살상무기를 보유하고 있지만, 동구권과 소련의 운명(붕괴 혹은 체제전환)을 따를 체제로 규정하였던 듯하다. 반면, 9 · 11테러 이후 북한은 더 이상 저 멀리의 위협 대상이 아닌 현실적 대응의 존재로 부각되었다. 대량살상무기와 미국에 대한 증오심을 동시에 갖춘 집단이나 체제가 강대국 이상으로 미국의 안전을 위협할 수 있는 시대에서 북한은 이제 미국에게 '변환'시키든 협력하든 간에 직접적으로 관리해 나가야 할 상대가 된 것이다.

▌본격화된 미국의 천안함 출구전략과 그 함축성

우리가 염두에 두어야 할 점은 천안함 사태 이후 외형상으로는 더욱 굳어진 한·미 공조에도 불구하고, 사태처리의 최종목표까지 완전히 한·미가 일치된 움직임을 보일 것으로 기대하기는 어렵다는 것이다. 천안함 사태 초반 미국은 "북한 개입을 추정할 근거가 없다"는 태도를 보였으나, 점차 다양한 가능성을 열어두는 쪽으로 변화하였다. 또한, 4월 중순 이후에는 적극적으로 우리의 입장을 지지하면서 한·미간 공조를 강조해 왔다. 미국의 이러한 접근은 한·미 공조와 대북정책에서의 실리를 동시에 염두에 둔 데에서 비롯된 것으로 볼 수 있다. 즉, 천안함 사태와 관련하여 북한의 연루가 의심되는 것은 북한을 압박하여 기존의 전제조건(한반도 평화협정, 대북제재 완화)을 철회한 가운데에서 '6자회담' 복귀를 유도할 수 있는 유용한 카드이며, 북한의 전통적 후견자인 중국에 대한 카드로도 유리한 수단이었던 것이다. 경우에 따라서는 북한으로 하여금 2008년 12월 '6자회담' 결렬의 주요한 원인이었던 비핵화 '검증의정서' 채택에 대한 양보를 이끌어낼 수도 있었다. 천안함 사태 이후 미국이 대북 추가제재 조치 등 압력을 강화하는 모습을 보이고는 있지만, 이는 어디까지나 북한의 대량살상무기 확산 활동과 관련된 것일 뿐 천안함 공격에 대한 단죄의 조치로 보기에는 무리가 있다.

의료보험 및 금융체제 개혁 등 국내에 아직 논쟁적인 이슈들이 산적한 미국의 입장에서는 대외정책에 집중할 역량이 아직은 충분치 않다. 더욱이 이란의 핵 개발 의혹, 중동의 불안한 정세가 지속되는 상황하에서 한반도 문제에 대한 우선순위는 여전히 중간 이상의 자리를 차지하기 힘들다. 따라서 미국의 입장에서는 북한이 더 이상의 극단적 행동(3차 핵 실험 등)을 하지 못하도록 '관리'하는 가운데, 일정한 대화국면을 유지하는 것이 압박 일변도의 정책보다는 유리할 수가 있다.

한반도를 둘러싼 북한과 주변국의 최근 외교적 움직임은 이미 이러한 가능성을 시사하고 있다. 따라서, 우리의 입장에서도 향후 '6자회담'의 재개 논의가 본격화되는 시기에 천안함 사태의 종결조건을 어떻게 재정립할 것인가에 대한 고민이 현 시점부터 필요하다.

* JPI PeaceNet 26호 2010년 10월 1일 국문 발간

천안함 사태의 출구전략이 필요한 시기이다

김진호
제주대학교

우리는 지난 6개월여 동안, 국가안보적인 측면에서 천안함 사태에 매몰되어 왔다 해도 과언이 아니다. 그동안 국내외 상황은 변화를 거듭해 왔다. 특히 김정일 위원장의 중국 방문은 한반도를 둘러싼 역학 작용이 동시다발적으로 이루어지고 있음을 보여주고 있다. 어떻게 보면, 급변하게 돌아가는 국내외 환경을 예측할 수 없을 정도이다.

이러한 과정 속에서 우리 정부도 '통일세' 신설 등과 같은 자체역량 강화를 위한 고육지책을 발표했다. 이와 관련하여 청와대 고위관계자도 "정부는 남북 간 합의로 평화적·점진적 통일을 이루는 것을 지향한다"고 강조했다. 그리고 그는 "진보는 통일을 원하고 보수는 분단을 원한다는 생각은 잘못된 것이며, 진보와 보수 구별 없이 반드시 통일을 이루어야 하며 그런 의미에서 지난 8 · 15 경축사는 통일 논의를 국민적 공론화의 장에 들여놓는 계기가 됐다고 본다"고 평가했다(통일신문, 2010년 9월 6일). 이러한 분위기 속에 북한의 신의주 홍수를 계기로 우리의 정치적 · 군사적 대응과 순수한 인도적 지원 · 협력은 분리되어야 한다는 공론이 제기되어 온 것도 사실이다.

때마침, 북한의 이산가족상봉 제안은 천안함 공격 이후 강화되고 있는 대북 제재를 대화국면으로 전환시키기 위한 전형적인 위기회피 전략에 따른 행동이라고 본다. 북한은 이 제안을 통해서 남북관계를 복원하기 위한 실마리를 찾고, 이를 바탕으로 대미관계를 개선함으로써 제재를 완화시키려고 하고 있다. 북한의 의도는 천안함 의장 성명이 채택된 후 제재 완화를 위해 자신들의 외교력을 총동원하고 있다는 사실에서도 잘 드러난다(통일신문, 2010년 9월 20일).

국가안보와 관련해서 천안함 사태는 안보위협에 대한 정책 부서의 미숙함, 이완된 지휘체계, 국민으로부터의 불신감, 외교력 부재 등 우리 안보의 현주소를 그대로 보여 주었다. 그럼에도 불구하고, 그동안 우리 정부의 천안함 외교는 가시적인 성과를 얻었다고 볼 수 있다. 아전인수(我田引水) 격으로 해석될 수도 있지만, 유엔 의장 성명에서 회원국들에게 한반도의 상황을 재고시켰다는 것만으로도 의미를 찾을 수가 있다. 이제 우리 정부는 천안함 사태에 대한 북한의 사과를 다른 차원에서 접근해야 할 것이다. 천안함 사태와 G20 의장국으로서의 한국외교는 별개로 진행시켜야만 성숙한 외교이다.

첫째로, MB 정권은 종반전을 향해 가고 있다. 이제는 그동안의 국내외적인 성과를 점검하고 정리해서 수성할 필요가 있다는 것이다. 그런 맥락에서도 천안함 사태를 잘 넘겨야 할 것이다. 2010년 하반기에 이 사건에 대한 가시적인 성과를 내놓아야 할 것이다. 그렇게 되어야만 선거가 안팎으로 많은 2012년을 무난하게 대처해 나갈 수 있을 것이다. 이 시기를 놓치게 되면, 선거쟁점화가 되기 쉽다는 것이다. 새로운 남남갈등 관계가 반드시 표출될 것이다. 성숙된 정치문화를 훼손시킴으로써 정치역량은 물론이고 외교안보역량도 약화될 것이다.

둘째로, 6자회담에 대한 생각이다. 한미양국은 '북한의 사과가 선행되어야만 6자회담을 재개할 수 있다'라는 입장이다. 옳은 이야기이다. 이러한 6자 회담의 수순은 남북관계 개선→북미 접촉→6자 예비회담→본회담이 될 것이다. 우리 정부의 역할과 정책전환이 그만큼 중요하다는 의미이다. 이런 맥락에서 이제는 새롭게 국면을 전환할 필요가 있다. 국무총리와 외교통상부장관의 공백이 조만간 메워질 모양이다. 신내각 진용이 완성되는 시점을 계기로 새로운 외교 안보정책 노선의 변화를 시도해야 할 것이다. 또한 중국과 북한 등은 8월 26일부터 30일까지 중국 동북지역에서의 정상회담에서 친선우호관계를 지속 강화하면서 나름대로의 노력을 하고 있다.

셋째로, 북한 측의 적극적인 대외공세와 관련된 담당자들의 변화이다. 북한의 핵 협상과 대미 외교를 실질적으로 주도해온 강석주 외무성 제1부상이 최고인민회의 상임위원회 정령에 따라 내각 부총리에 임명됐다고 북한의 〈조선중앙통신〉이 9월 23일 보도했다. 대미 외교라인에 힘을 실으면서 북한은 핵 협상에 대한 세대교체를 염두에 둔 듯하다. 이번에 승진한 인사들은 북한 외무성의 북핵 및 대미 외교 라인에서 잔뼈가 굵은 전문가들로 꼽힌다. 강 신임 부총리는 24년 동안 같은 직책을 맡아오면서 1994년 북·미 제네바 합의를 이끌어 내는 등 북한의 대표적인 북핵·대미 협상가로 알려져 있다. 미국도 11월의 중간 선거를 앞두고 있다. 선거결과에 따라서 대북정책의 기조 변화가 있을 것으로 보인다. 이러한 시기를 놓치게 되면 우리 정부가 6자회담을 더디게 하는 장본인으로 주객이 전도되는 억울한 국면으로 치달을 수도 있다는 것이다.

넷째로, 9월 상순에 열릴 예정이었던 당대표자회의가 9월 28일에 열릴 모양이다. 북한도 새로운 정권변화의 움직임이 있을 것이다. 물론 우리의 시각으로는 이해하지 못하는 부분이 있다. 외신보도도 북한 노동당 대표자회의가 28일 평양에서 열리는 것과 관련해 영국 언론매체들은 22일(영국 현지시간) 지구상에서 가장 비밀스런 독재국가의 분수령이 될 것이라고 풀이했다(연합뉴스, 2010년 9월 22일).

다섯째로, G20 정상회담은 세계경제의 위기 속에서도 경제성장을 하고 있는 우리의 입지를 강화시키고 북한에 대해서도 직간접적인 외교 압박을 줄 수 있는 대단히 중요한 국가적·국제적 이벤트이다. 추석연휴 연합뉴스보도에 따르면, 제3차 조선노동당 대표자회의 참석차 평양을 방문했던 한 소식통이 "9월 초 국방위가 G20 정상회의를 방해하기 위한 긴급회의를 비밀리에 열었다"는 얘기를 탈북 제대군인 단체인 북한인민해방전선에 전했다고 보도했다. 북한은 2008년 금융위기 이후 세계경제질서를 선 순환적으로 돌아가게 하기 위한 논의를 모으는 국제행사도 자신들을 국제적으로 고립·압살하기 위해 벌이는 세계 금융열강의 '정치 모략회의'로 규정했다는 것이다. 이를 위한 구체적인 대응책으로, 한국에 안보 불안을 지속적으로 조장하고 친북단체들이 벌이는 G20 반대 시위를 지원하게 될 것이라는 것이다. 이것은 금융과 관련된 국제회의가 열릴 때마다 국제 NGO들의 '반 세계화시위'가 따로 또 같이 열려서 회의 자체를 위협하는 경우를 목도한 바 있다. 물론, 비상시 대비책도 잘 준비가 되고 있지만, 북한을 설득시킬 수 있는 지혜가 필요하다.

여섯째로, 대북관리를 위한 선제적 예방조치를 통해서 적극적인 대북관여정책은 필요한 것이다. 그것은 우리의 국익을 위해서이다. 이것은 MB정권하에서 남북관계의 새로운 패러다임이 필요하다는 것인데, 한미동맹과 한중의 전략적 관계의 틀을 우리가 외교적 선제조치를 통해서 북한을 관리하는 것이다. 남북이 중무장 상태로 대치중인 것은 사실이나 대화와 협상을 통해 긴장을 낮추고 평화를 정착시켜나가야 한다는 당위성을 부정할 수는 없다. 모처럼 일고 있는 남북관계 대화 진전에 긍정적인 상황을 수습시켜 천안함 사태의 국면전환을 해야 할 것이다. 천안함 사태를 잊지는 말되, 집착해서도 안 될 것이다.

---

* JPI PeaceNet 27호 2010년 10월 5일 국문 발간

남북관계에 대한 러시아 입장

Sergey O. KURBANOV
University of St.-Petersburg

레오 톨스토이는 "러시아는 평화로운 국가로 전쟁을 좋아하지 않는 다"라고 말했다. 이 말에 동의를 하든 안 하든 러시아어로 '세계'와 '평화'를 뜻하는 단어는 모두 발음이 '미르(Mir)'다. 따라서 러시아 인에게 세계의 이상적인 상태는 평화로운 상태이다.

1945년 한반도는 평화와 번영을 위해 임시로 분리되었으며 러시아 와 미국은 동맹국이자 우방국이었다. 그 당시 누구도 가까운 미래 에 한국전쟁이 벌어지고 세계가 양분되리라고는 상상조차 하지 못 했다. 세계의 양분화 과정은 1947년에 시작되어 냉전시대로 발전 하였다. 한반도는 세계 양분화의 아시아 중심으로서 민주주의와 사 회주의의의 주요 전쟁터가 되었다. 한국전쟁은 20세기 후반 발발한 가장 치열한 전쟁 중 하나였다.

러시아인은 평화를 원한다. 소련연방 말기와 연방붕괴 직후 러시아 정부는 대한민국과 같은 '이전의 적들'과 외교관계를 구축하기 위해 최선을 다했다. 러시아는 베를린 장벽을 무너뜨리는 데 일조하였으며 한반도 중앙을 관통하는 '한국 장벽' 역시 무너지길 바랐다. 따라서 러시아 및 모든 동유럽 국가들은 대한민국을 아주 빠르게 인정해주었다.

그러나 미국과 일본은 북한을 인정하지 않았다. 베를린 장벽이 무너지면서 유럽 상황은 좀 더 안정되었지만, 미국과 일본이 북한을 인정하지 않았기 때문에 한국 장벽은 더욱 견고해지고 한반도 분열이 사라지지 않았다.

북한은 한반도 문제와 관련하여 남북한이 '한민족으로서' 힘을 모아 해결해야 한다고 주장한다. 그러나 한반도 분단이 외부의 힘에 의해 일어났듯이 한반도 통일 역시 외부의 힘에 의존하게 될 것이다.

미국, 일본, 러시아, 중국이 세계에서 갑자기 사라졌다고 상상해보라. 또 한국과 몽고, 한국과 베트남, 한국과 인도, 한국과 멕시코 사이의 땅이 모두 사막이라고 상상해보라. 그런 상황이라면 한반도 문제를 한민족끼리 해결할 수 있겠지만 지구상에는 한민족만 사는 것이 아니다. 한반도는 복잡한 국제관계에 얽혀 있으며 세계정치에서 중요한 역할을 담당하게 되었다. 한반도는 복잡한 국제관계를 이해하지 않고는 세계무대에서 활동하기 어려우며, 국제관계를 전체적으로 향상시키지 않고는 남북한 관계를 개선할 수 없다.

러시아, 중국, 베트남은 한반도 평화를 위해 노력하며 대한민국과 조선인민공화국 모두와 우호관계를 맺고 있다. 이제 미국, 일본 그리고 그들의 동맹국들이 아무런 전제조건 없이 북한을 인정해야 할 때다. 그래야만 안정적인 남북한 관계를 형성할 수 있는 국제적인 환경이 조성될 수 있다.

러시아와 동유럽이 아무런 전제조건(예를 들어, 독재정권에서 민주정권으로 변화 요구) 없이 대한민국을 인정하였듯이, 미국과 일본 역시 북한을 아무런 전제조건 없이 인정해야 한다.

어떻게 우리가 북한의 '인권 침해'와 같은 '심각한' 문제들을 무시할 수 있겠는가? 하지만 인권이 무엇인가? 왜 북한사람은 미국사람과 접촉할 수 있는 권리가 없는 것인가? 왜 아이폰을 사용할 권리가 없는 것인가? 왜 세계정상의 팝송을 들을 수 있는 권리가 없는 것인가?(북한은 에릭 클랩튼(Eric Clapton)을 평양으로 초대할 계획을 세웠으나 실현되지 않았다.) 이처럼 '인권'이라는 복잡한 시스템에서는 분명하게 답하기 어려운 질문들이 많다.

나는 미국 국무장관 매들린 올브라이트(Madeleine Albright)가 평양을 방문한 지 한 달 후인 2000년 12월에 평양에 머물고 있었는데, 올브라이트 국무장관 방문에 대한 북한 사람의 열렬한 반응을 기억하고 있다. 평양의 겨울 거리를 걷고 있을 때 지나가던 어린 학생들이 내게 영어로 인사를 하였다. 그 아이들은 내가 미국인이라 생각하고 아주 친절하게 대해주었다. 북한의 대중매체가 미국을 공식적으로 비방하고 있었지만 북한 대중들은 미국에 적의가 없는 것 같았다.

오히려 그들은 미국과 외교적 관계를 공고히 하고 평화를 구축하는 것이 한반도 상황을 정상화시키고 안정화시킬 수 있는 유일한 방법이라고 믿고 있었다.

남북관계가 국제관계의 영향을 받는다는 역사적 예를 하나 들어보자. 2000년 여름 남한의 김대중 전 대통령이 평양을 방문한 역사적인 사건을 모두가 기억할 것이다. 많은 분석가들이 김 대통령의 개인적 품성이나 '(북한에 바치는 '뇌물'로 종종 간주되는) 북한에 제공한 재정 지원' 등과 같은 여러 가지 이유를 들어 이 정치적 성과를 설명하였다. 1990년대 말과 2000년대 초의 미국 빌 클린턴 대통령의 대북한정책은 '너무 부드러운' 것으로 평가되었다. 2000년대 말 평양에서는 빌 클린턴 대통령이 '곧' 방북할 것이며 북한과 미국이 공식적인 외교관계를 맺을 것이라는 소문이 무성하였다.

그러나 2001년 북한과 미국 사이에서 문제가 발생하고 남북한 사이에서 마찰이 일기 시작했다. 2001년 3월 김대중 대통령이 새로 당선된 조지 부시 대통령을 만나기 위해 미국을 방문하였을 때, 한국 언론은 김대중 대통령과 조지 부시 대통령이 북한체제에 대한 인식 '차이'를 가지고 있다는 사실을 처음으로 알게 되었다. 그 후 북한과 미국 관계가 틀어지면서 남북한 관계가 조금씩 냉각되기 시작했다.

북한이 미국과의 외교적 관계를 맺고 싶어하는 것 외에도 미국이 북한을 외교적으로 인정해야 하는 여러 가지 이유들이 있다. 그중 가장 중요한 이유가 한반도의 평화와 안정이다.

현재의 러시아 군대와 무기는 소련연방 시절만큼 강력하지 못하다. 왜, 어떻게 그렇게 되었을까? 우선 소련과 민주세계를 분리하던 '철의 장막'이 사라지면서 거대한 군사력을 유지해야 할 필요가 없어졌기 때문이다. 러시아 군대는 더 이상 세계 어느 나라에게도 위협적이지 않다.

내 생각으로는 북한의 경우도 마찬가지이다. 현재 북한의 상태는 내부압력이 지나치게 커져 곧 폭발할 것 같은 샴페인 병과 비슷하다. 병 안에 가득 찬 가스가 서서히 빠질 수 있도록 코르크 마개를 조심스럽게 열어야 고품질 와인을 즐길 수 있다. 러시아가 '철의 장막'이 사라진 이후 무기를 감축한 것처럼, 북한도 외부세계에 문호를 개방(선군정책을 포함)한 후에는 개혁을 시도할 것이다. 미국은 좋은 병따개 역할을 해내야 한다.

우선 한반도 안정화를 위한 국제적인 협력이 이루어져야 남북한 국민들이 모두 바라는 남북한 관계의 지속적인 향상이 가능해질 것이다.

---

* JPI PeaceNet 29호 2010년 10월 19일 영문 발간
* 원제는 "Russian Perspective on Inter-Korean Relations"

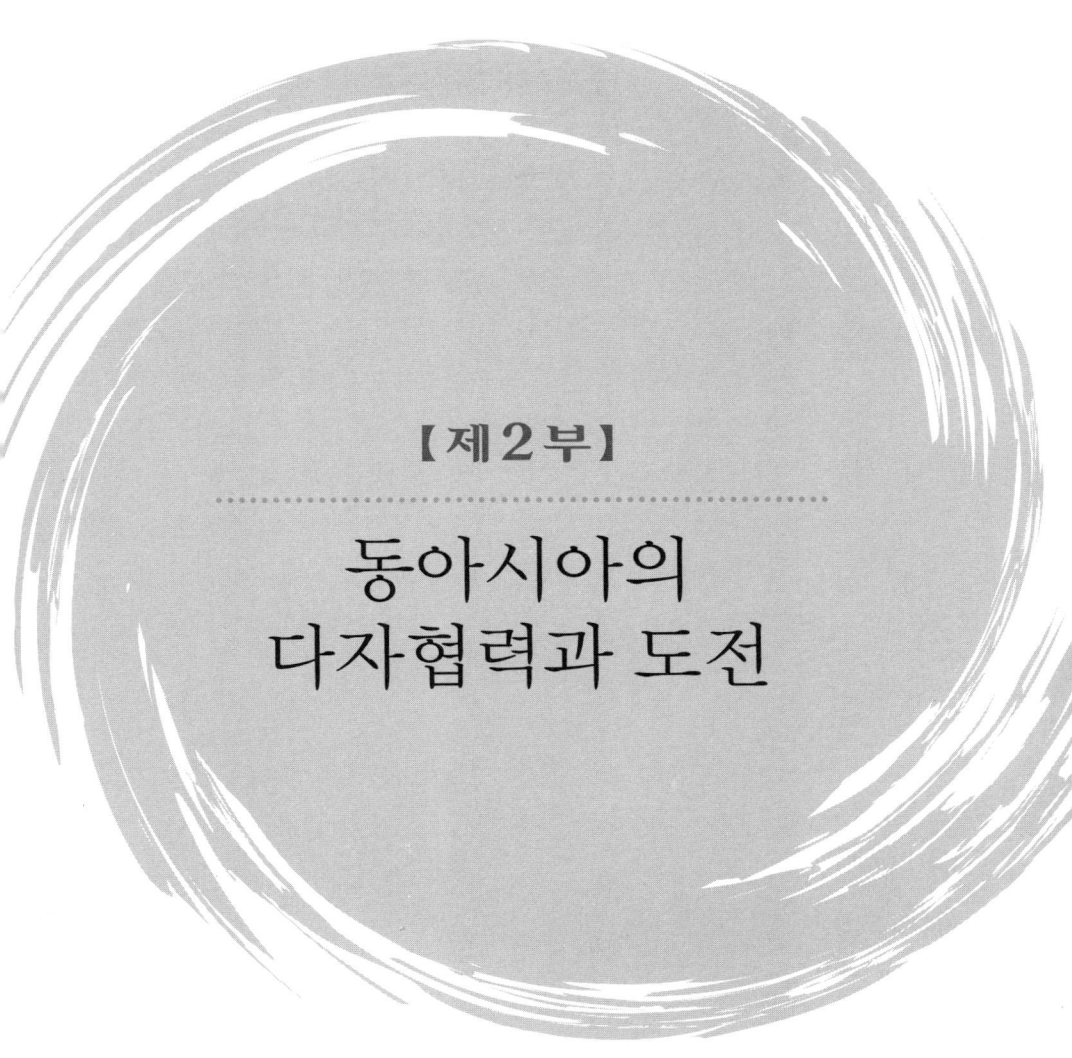

【제2부】

동아시아의
다자협력과 도전

미중 관계는 왜 변화하고 있는가?

Denny ROY
East-West Center

미묘하고 확실치 않은 변화이기는 하지만 미국과 중국의 관계에서 새로운 국면이 시작되고 있다. 그 변화는 중국의 입장 변화에 기인한다. 이전까지의 중국은 개혁개방시대 이후로 매우 일관적 입장을 보여 왔다. 최근의 이러한 변화는 중국이 이 지역에서 맹주로서의 미국의 역할을 대신할 것이라는 기대감의 결과이다. 중국은 그들에게 중요한 아시아태평양의 권력 구조의 재구성을 통하여 이익을 취하려고 하는 것 같다.

중국 개혁개방시대 이후 개발전략과 외교 정책의 설계자인 덩샤오핑은 북경의 후계자들에게 중국의 경제가 서구수준까지 구축되고 현대화되는 데 걸리는 오랜 시간 동안 외교 문제에 있어 주도권을 갖지 말고 잠재적인 적들과 평화를 유지하라고 충고했다. 1990년대, 특히 NATO 전투기가 베오그라드에 있는 중국 대사관을 폭격한 1990년 이후, 중국 지도자들은 미국에 대해 한층 더 대립적인 입장을 취할 것을 심각하게 고려했었다. 이러한 논쟁은 중국이 아직 미국과 냉전을 치를 만큼 강하지 못하다고 결론내렸다. 중국은 미국과 대립함으로써 외국과의 무역 및 투자를 위한 기회들을 차단당하고 자원을 빼앗김으로 지속적이고 빠른 중국경제개발을 위험에 처하게 할 수 있음을 인식했다. 중국인민공화국이 할 수 있는 최선의 선택은 워싱턴이 직접적으로 중요한 중국 이익(대만 독립에 대한 전쟁 개입과 같은)에 도전하지 않거나 도전할 때까지 미국과 건설적인 관계를 유지하는 것이다.

중국에 관한 미국의 정책도 상당히 일관적이었다. 미국 양 정당을 대표하는 미 행정부는 중국의 정책들이 '평화롭고', '책임감 있는' 것이라는 조건하에 강하고 부유한 중국을 환영한다고 거듭 말해왔다. 이것은 중국이 기존의 (그리고 대개는 미국이 후원하는) 국제 규범과 제도의 규칙 안에서 활동하는 한 미국이 중국의 경제 성장을 공개적으로 반대하지는 않을 것이라는 것을 의미한다. 몇몇 중국인들이 자주 주장하는 것처럼, 미국은 중국인민공화국을 '견제하는' 것과는 거리가 멀 뿐만 아니라 오히려 중국과의 교역, 기술과 전문 지식의 이동을 통하여 그 어떤 다른 국가들보다도 중국이 '성장'하는 것을 돕기 위해 많은 것들을 해 왔다.

중국과의 경제적 관계에 대한 미국의 두 가지 전제는 심도 있는 교역과 투자가 중국을 자유화시키는 최선의 방법이며 중국을 경제적으로 고립시키려는 시도는 중국의 적의를 확고히 함으로써 역효과를 내리라는 것이었다. 최근 미 행정부는 민주주의 국가들은 회원국들 간의 전쟁이 불필요하게 된 정치적 '평화지대'로 들어섰다는 이론을 내세웠다. 중국이 평화적으로 또는 책임질 행동을 하지 않기로 결정하는 경우를 대비해서, 미국은 중국의 활동을 저지할 능력을 유지하고 있다. 이러한 이유로 인해 미국의 관점에서 보면 미국이 아시아태평양 지역에서 동맹관계를 유지하고 미군부대를 존속시키는 것, 해양의 자유를 확고히 할 책임을 지는 것, 국제적 규범들을 존중하지 않는 정권에 대한 국제적 반대 의견을 조성하는 것, 중국의 군사 활동을 감시하는 것, 그리고 중국의 군사적 위협에 대하여 대만을 보호하는 것을 정당하다고 여긴다.

지난 10년 동안 중국은 미국의 아시아태평양 지역의 중심 세력 또는 그 축(한미동맹을 포함하여)으로서의 지위를 인정한다는 것에, 또한 미국은 핵 확산이나 중국이 미 행정부가 '불량국가'라고 여기는 국가들에 대한 지원 등을 하지 않음을 의미하는 '책임 있는' 태도를 견지하는 한, 중국의 성장을 반대하지 않는다는 것에 전략적으로 동의해 왔다.

그러나 세계적인 경제 위기가 시작될 무렵부터 미국-중국 관계에 변화가 감지되고 있다. 기존의 합의에 대한 효력이 약해지고 있는 현상이 나타나기 시작한 것이다. 현재의 경제 위기로 인해 미국-중국의 경제 관계가 미국에 유리한 쪽으로 불균형하게 진행되고 있다. 비록 중국이 미국과의 교역에서 막대한 흑자를 기록하고 있지만 정작 경제협력을 필요로 하는 쪽은 미국보다는 중국이었다. 중국 경제가 미국의 거대한 시장에 의존하는 부분이 크기 때문에 중국의 지도자들은 미국과의 관계를 저해할 요소들에 대해 미온적인 태도를 취할 수밖에 없었다. 그러나 경제 위기는 중국의 해외 시장 다변화를 가속화하고 미국부채에 대한 중국의 재정적 지원—미국 국채를 매입하고, 미국 소비자의 장기 구매력을 감소시키며, 영미계의 금융 규제 접근을 금지함으로써—에 대한 필요를 증가시킴으로써 이러한 불균형이 다시 균형 상태로 되돌아가는 것을 앞당기고 있는 것같다.

그 변화는 미국 측에서 기인한 것이 아니다. 오바마 정부는 중국에 대한 미국의 기존 입장을 유지하겠다는 의지를 확실히 밝혔다. 미국은 인권과 같이 전통적으로 갈등을 야기하는 문제들 때문에 기후변화 및 경제 위기와 같은 중요한 국제적 문제들에 대한 쌍방의 협조가 방해받지 않도록 하려는 의도를 사전에 언급함으로써 중국과의 관계 유지에 힘썼다.

국제사회에의 참여와 무역을 통해 중국을 자유화시키려는 사람들은 중국이 현재의 시스템을 유지할 것인가 또는 전복시킬 것인가를 좌지우지할 만큼 강력해졌다고 생각하게 될 때까지는 국제적인 규범들과 제도들을 지지하고 존중하기를 희망해 왔다. 만약 중국이 열강의 능력을 얻는 것과 국제적 감각에 맞게 사회화되는 것을 별개의 사안으로 간주할 경우, 많은 사람들이 초강대국의 힘, 광신적 애국주의와 무모한 자국이익의 결합이라는 불행한 결과가 초래될 수 있다고 경고하고 있다.

덩샤오핑의 충고와는 동떨어지게, 중국은 더욱 독단적으로 중요한 국가적 이익에 직접적인 위협이 없는 문제들에 대해서도 중국의 의견을 개진하고, 또한 미국과의 관계를 손상시키는 위험이 있는 데에도 불구하고 국제체제의 개혁을 권고하고 있다.

이러한 중국은 결국에 더 강력한 국제 지도자 역할을 담당하며 미국의 패권에 대한 명백한 경쟁자가 될 것이 분명하다. 역사적으로, 지배 세력은 결국에 더 빠른 경제 성장률을 가진 신흥 국가로부터 도전을 받는다. 도전 세력의 능력이 지배 세력의 수준에 접근함에 따라 그 나라는 자국의 이익을 위하여 과거 지배 국가가 정립한 국제 문제들에 대한 규범들을 재정립하려는 시도와 함께 그 규범들에 대해 더 큰 영향력을 행사하려 한다. 그런데, 이것은 몇몇 옵서버들이 기대하거나 희망하는 것보다 더 빨리 일어나고 있다.

최근 중국은 중국과 일본 사이의 배타적 경제수역에 걸쳐 있는 중국 동해에서의 수중 천연 가스 산지에 대한 일본과의 분쟁에 대해 좀 더 강한 입장을 취해 왔다. 마찬가지로, 논쟁이 되고 있는 파라셀 군도의 관광사업 개발계획을 발표함으로써 베트남을 화나게 했다. 그 곳은 현재 중국이 베트남으로부터 빼앗은 후 병력을 주둔시키고 있다.

미국의 입장에서 볼 때, 미국과 중국의 이익이 일치하기를 바라는 것은 무리가 있는 것 같다. 중국은 미국이 지지하는 인권이나 민주주의의 전 세계적 확산 같은 문제를 적극적으로 지지하지 않고 있다. 중국은 불법적인 정부에 대한 국제적 압력을 행사하려는 미국의 노력에 대해 '불개입'이라는 원칙을 여전히 고수하며 반대 입장을 밝히고 있다. 북한의 두 번째 핵무기 테스트로 인해 마지못해 보다 엄격한 제재조치에 찬성하긴 했지만 확대된 경제적 협력 프로그램을 통해 북한에 신속하게 보상을 하였고 일반적으로 북한을 비핵화시키기 위하여 강력한 압력을 행사하는 데에 관심이 부족하다는 것을 보여주었다.

이란의 의심스러운 핵무기 개발 프로그램의 경우에도, 중국은 제재조치보다는 오히려 부드러운 외교적 접근 방식을 고집하면서 미국의 노력을 방해하였다. 중국은 점점 더 미국의 영향력에 반감을 드러내며 국제적 지도력에서 더 큰 몫을 차지하려는 욕망을 보여주고 있다. 예를 들어, 경제 위기 동안에 중국은 '워싱턴 컨센서스'를 비난하고 주요 국제 통화로서의 미국 달러에 대한 대안을 요구했다. 지구 기후 변화에 대한 코펜하겐 회의에 참석한 중국 대표단은 이례적으로 워싱턴의 허를 찌르기 위한 시도를 하였다. 그리고 중국은 이전과 달리 중국 연안에서의 미 해군의 조사활동과 대만에 무기를 판매하는 것과 같은 장기간 계속 되어온 미국의 정책에 대해 이전보다 더 강력하게 반응하고 있다.

이것은 중국이 그들의 국력을 키우는 동안 (중국의 격언인 타오 광 양 후이 정신: 야심을 숨기고 발톱을 가린다는 뜻) 다른 국가와의 의견대립에 대해 부드럽게 대응하고 비밀리에 여러 작업을 행했던 시대가 끝났음을 보여주는 신호가 될 수도 있다. 덩샤오핑은 지하에서 중국이 미국에게 공개적으로 도전하고 국제적 리더십을 놓고 경쟁하는 것은 너무 이르다고 불만스러워할 듯하다. 미국 경제는 여전히 중국 경제 규모의 거의 3배에 이르며 미국의 군사비 지출은 전 세계 국가들의 군사력을 유지할 수 있을 정도이다. 그러나 패권의 이동을 가속화하려는 도전국가의 유혹은 생각보다 강력한 것 같다.

절대적인 국민총생산에서 미국을 추월한 중국이 전략적 책략에 대한 중국의 자유권 침해와 중국의 자부심에 대한 모욕을 참지 않을 것이라는 데에는 의심의 여지가 없다. 여기서 놀라운 것은 이러한 과정이 매우 빨리 전개된다는 점이다. 앞으로, 더욱 자신만만한 중국이 아시아태평양 지역에서 국제 정치의 많은 부분에 대해 변화를 시도할 것이라는 것을 예상할 수 있다. 미국이 대만에 무기를 판매하는 것은 동아시아의 주요한 미국 동맹국들과 관련된 주요 이슈 중에서도 가장 첨예한 문제이다.

---

* JPI PeaceNet 1호 2010년 2월 6일 영문 발간
* 원제는 "China: Demonstrating that Intentions Follow Capabilities?"

일본의 외교와 정책 브레인*의 역할:
민주당 하토야마 정권 탄생의 의의

Katsuhiko NAKAMURA
Asian Forum Japan

얼마 후면 2009년 9월 집권한 하토야마 행정부가 출범한 지 6개월이 된다. 새로운 정부는 일부 영역에서는 새로운 방향을 확실히 제시했지만, 다른 영역에서는 그렇지 못한 것이 사실이다. 그러한 침체를 단적으로 보여주는 사례가 후텐마공군기지 이전 문제 처리 및 이 사안이 일미동맹관계에 미치는 부정적인 영향이다.

올해 1월 15일은 일미안보조약이 체결된지 50주년이 된다. (이를 기념하여) 양국 외무장관과 국방장관의 공동성명 발표는 있었지만, 양국 국가원수의 공동성명은 없었다. 이 사실만으로도 일미관계의 현황을 단적으로 파악할 수 있다. 일본과 미국의 관계가 불안정해지면 일한관계 및 동아시아의 안정에도 여파를 미친다. 하토야마 정권은 어쩌다가 이러한 상황을 초래하게 된 것일까?

그 이유는 하토야마 정부가 "일미 동맹을 심화하겠다"고 이야기하지만, 실제로 동맹을 '심화'하기 위한 구체적인 아이디어를 내놓는 데 실패했기 때문이다.

2010년이 밝아오자마자 민주당과 자민당은 공교롭게도 당 산하의 싱크탱크를 폐쇄하기로 결정했다. 항상 '정치인이 주도하는 정치'를 이야기해 온 민주당이 정당의 두뇌 역할을 해야 할 싱크탱크를 폐쇄하기로 한 데 대하여 놀라움을 느낀 사람이 필자만은 아닐 것이다.

일본에서 정부 중앙부처들이 모여 있는 '가스미가세키'는 항상 일본의 최대 싱크탱크로 묘사되었다. 민주당이 정치인이 주도하는 정치를 이야기하기 위해서는 가스미가세키와의 조율에 있어 당 산하의 싱크탱크가 핵심적인 역할을 해야 한다.

자민당의 경우 집권에 실패했기 때문에 가스미가세키를 '당의 브레인'으로 이용하기가 더 어려워졌고, 이러한 상태에서 권력을 되찾아 오기 위해서는 아이디어 및 전략 창출의 수단으로서의 싱크탱크가 훨씬 더 절실히 요구된다.

미국의 경우, 리처드 M. 위버가 1948년 출판된 자신의 책『생각이 결과를 낳는다(*Ideas Have Consequences*)』에서 언급한 바와 같이, 아이디어는 결과로 이어지므로, 아이디어를 가볍게 여겨서는 안 된다. 바로 이 점 때문에 정책 브레인들의 역할이 중요하다.

대중 지식인들은 보다 광범위한 대중에게 호소함으로써 사회에 영향을 미치고자 하는 반면에 정책 브레인들은 정치적 논쟁에 실제로 참여하고 정책을 제안한다. 이들은 정책입안 과정에 직간접적으로 영향을 미치므로, 자신들의 주장에 대하여 더 큰 책임을 져야만 한다.

정책 브레인들은 자신들의 아이디어가 실제 성과로 결실을 맺으면서, 현재의 상황을 뛰어넘는다. 다시 말해, 새로운 현실을 창조하고 그 문을 여는 데 기여하는 것이다. 정치적 함의가 큰 성과를 도출하고 정치적 의사결정에 실제적인 영향을 미치는 것이야말로 정책 브레인들의 임무이며 생존의 수단이다.

이를 달리 표현하자면, 현재 상황을 뛰어넘을 수 없는 아이디어는 가볍게 다루어질 수밖에 없다는 점을 정책 브레인들은 인식해야만 한다. 물론 정책 브레인들이 자신의 아이디어를 현실화하기 위해서는 정치인들과 협력해야 한다. 이들의 아이디어를 받아들이기로 결정하는 정치인들 역시 책임을 져야 한다. 이때 정책 브레인들이 한 자리에 모인 장소를 우리는 싱크탱크라고 부르며, 싱크탱크는 지식의 구심점 또는 정책 제안 집단이 된다.

지금까지 일본에서 정책 브레인과 싱크탱크의 역할은 주로 가스미가세키의 관료집단이 담당해왔다. 이는 일본식 접근방식의 중요한 특징이다. 그러나 잘 알려져 있다시피, 관료들은 급속한 사회 변화에 대처하는 능력이 부족하다. 지난해 정권이 교체되고 관료 주도의 정치에서 정치인 주도의 정치로의 전환이 선포된 이후, 정책 브레인으로서의 관료집단의 역할이 끝나가고 있다.

문제는, 정책 브레인으로서 관료들의 역할이 끝나가고 있는데도, 이들을 대체하여 선도적 역할을 담당해야 할 정치인들이 정책 브레인을 육성하고 필요한 아이디어를 도출하지 못하고 있다는 점이다.

미국과 마찬가지로 한국 역시 제주평화연구원 등 적절하게 기능하는 싱크탱크가 있다. 일본이 정치인 주도의 정치를 주장하려면, 새로운 아이디어를 제공하는 정책 브레인들을 육성하고 이 아이디어를 축적하여 실행에 옮길 싱크탱크를 발전시켜야 한다.

일본의 정권 교체와 하토야마 정권의 출범은 일본의 정책 환경이 크게 바뀔 수 있는 기회를 제공할 가능성이 크다.

* JPI PeaceNet 2호 2010년 2월 22일 영문 발간
* 원제는 "Japanese Diplomacy and the Role of Policy Intellectuals"
* '정책 브레인'의 원문 표현은 'policy intellectual'이다. '정책 지식인'이라고도 번역될 수 있다.

'두만강유역 개발사업'과 동북아시아 지역의 협력관계

Nataliya YACHEISTOVA
UNDP/Tumen Secretariat

▎두만강유역 개발사업―독특한 협력체계

동북아시아 지역의 '두만강유역 개발사업'은 정부 간 협력관계의 특별한 모델로 발전할 수 있는 잠재력을 충분히 보여주고 있다. 원래 '두만강개발계획'이라 불리던 '두만강유역 개발사업'은 1995년 '유엔개발계획'의 지원을 받아 동북아시아 5개국(북한, 중국, 한국, 몽골, 러시아연방)이 국가 간 협정을 맺으면서 출범하였다. '두만강유역 개발사업'의 주요 목적은 동북아시아 지역 (특히 두만강 국경지역에 초점을 맞추어) 인근 국가들과 국민들의 경제 성장과 녹색 성장을 위해 국가 간 경제협력을 촉진하는 데 있다.

'두만강유역 개발사업'은 두만강 국경지역의 경제협력관계의 초석 역할을 하며 지역 경제 성장과 평화 유지에 크게 기여하고 있다. 바다에 면하지 않은 외딴 지역을 포함하는 두만강유역에는 여러 강대국들이 인접해 있다. 그동안 이 지역에서는 국가 간 협력 관계를 통해 경제 성장과 생활수준 향상을 효과적으로 달성해왔다. 국가들이 지역적 협력 관계를 통해 경제 개발을 촉진하고 경제블록을 형성한다면 국제무역 및 자본시장에서 보다 효과적으로 활동할 수 있을 것이다. 또한 국경을 가로지르는 협력관계를 통해 회원국들의 에너지 안보를 확고히 하고, 기간시설을 향상시키며, 관광산업을 발전시키고, 국제환경기준의 채택을 촉구할 수도 있다.

'두만강유역 개발사업'의 중심기구인 '5개국 위원회' 총회에서는 회원국 간의 교류를 증진하기 위한 독특한 기반을 마련하였다. 한편 '5개국 위원회'의 결정 사항들을 실천하기 위해 설립된 '두만 사무국(북경 소재)'에서는 '두만강유역 개발사업'의 세부 내용들을 매일 조율해나가고 있다. '두만 사무국'은 '5개국 위원회' 의장의 지도하에 회원국뿐만 아니라 '유엔개발계획'과도 긴밀한 협력관계를 유지하고 있다. '두만강유역 개발사업'에서는 회원국 정부뿐만 아니라 다양한 국제기관, 지역기관, NGO, 민간기업 등이 국가 간 협력관계 강화를 적극적으로 지지하고 있다.

▮ 동북아시아 지역의 평화적인 경제협력관계 증진

동북아시아 지역에는 광물자원이 풍부하고, 지리적인 이점이 많으며, 교육 받고 숙련된, 경쟁력 있는 노동력이 풍부하므로, 투자 및 고용의 기회 면에서 그 잠재력이 무궁무진하다. 그러나 이러한 잠재력도 공동의 노력과 의지가 있어야 실현될 수 있다.

최근 수년간 국제시장에서 소비자 수요가 급증하고, 동북아시아 지역에서 저금리 융자가 용이해지면서 두만강 지역의 무역과 투자는 급성장하였다. 그러나 세계재정위기로 인해 국제수요가 급감하면서 이 지역의 해외직접투자와 수출 역시 급감하고 있다. 하지만 동북아시아 지역은 여전히 높은 성장가능성을 가지고 있다. 많은 평가기관들이 동북아시아 지역이 세계의 어떤 다른 지역들보다 경제위기의 부정적 영향을 최소화하며 가장 빨리 경제위기에서 탈출할 수 있을 것이라고 전망한다. 많은 동북아시아 국가들이 다행히도 부채에 비해 저축이 많은 편이며, 경제위기의 부정적 영향에서 벗어나기 위해 적극적인 경기부양정책을 펼치고 있다.

경제회복을 촉진하기 위해 세계지도자들은 보호주의를 버리고 더 이상 새로운 무역장벽을 쌓지 않기로 합의해왔다. 그럼에도 불구하고 동북아시아 지역에는 아직까지 많은 경제규제들이 남아 있다. 예를 들어 세계의 다른 지역들과 달리 지역 내 자유무역협정이 존재하지 않으며, (동남아시아의 ASEAN과 같은) 공동협력을 조율하는 기구가 없다. 동북아시아 국가들이 아직까지 해외투자에 관한 규정들을 조율하지 못했기 때문에 대규모 국가 간 투자프로젝트를 진행하는 데 많은 어려움을 겪고 있다. 이러한 환경에서는 장기적으로, 일관성 있게, 안정적인 사업을 추진하고 발전시키기가 어렵기 때문에 제한된 기업투자를 할 수밖에 없다. 그러므로 동북아시아 지역은 경제성장, 무역 및 투자, 지역적 협력관계를 위해 보다 적극적인 노력을 기울여야 한다(다른 한편으로는 이러한 절박한 필요성이 동북아시아 국가들이 사업환경을 개선하고 지속 가능한 경제성장을 추진하는 데 있어서 특별한 원동력이 되어 줄 수도 있다).

나아가 '두만강유역 개발사업'에서 강화된 경제협력관계는 정치, 안보 면에서도 긍정적인 영향을 줄 수 있다. 동북아시아 지역은 냉전, 분단, 국제사회의 권력투쟁과 갈등으로 인한 역사적 상처가 깊은 곳으로 아직까지도 여러 가지 불안요소들이 산재되어 있다. 동북아시아 국가들이 건전하고 안정된 발전을 이루어내기 위해서는 상호협력체계를 강화하고 공동의 노력을 펼쳐야 할 것이다. 오늘날과 같은 국제화 사회에서는 기후변화, 재정위기, 식량과 에너지 위기, 자연파괴 등과 같은 당면과제들을 효과적으로 해결하기 위해 국가 간 공동노력이 반드시 필요하다. (중국, 한국, 몽골, 러시아, 북한, 일본을 포함한) 동북아시아 6개국이 하나의 통합된 협력체계를 형성할 수 있다면·이로 인한 혜택을 모든 국가가 누릴 수 있을 것이다.

▌'두만강유역 개발사업'의 진척상황

'두만강유역 개발사업'이 진행된 지난 15년 동안 동북아시아 지역, 특히 두만강 지역에서 국가 간 협력관계가 현저히 강화되었다.

2005년 중국 장춘에서 열린 제8회 '두만강유역 개발사업 5개국 위원회' 총회는 회원국 사이의 협력관계 강화에 커다란 도움을 주었다. 회원국들은 이전의 합의 내용들을 향후 10년간 계속해서 준수하기로 약속하는 한편, '두만강유역 개발사업'에 사명감을 가지고 보다 적극적으로 참여하기 위해서 새로운 '장춘협정'도 발표했다. '장춘협정'에 따르면 '유엔개발계획'의 지속적인 지원하에 회원국들도 재정적, 인적 기여를 확대해 나갈 것이다. 나아가 이 총회에서는 국경을 초월하는 공동협력을 추진하는 과정에서 운송, 에너지, 관광, 투자 분야를 특별히 우선시하기로 결정하고, '2006~2015 두만강유역 개발사업 전략적 행동계획'도 채택했다.

2007년 러시아 블라디보스토크에서 열린 제9회 '두만강유역 개발사업 5개국 위원회' 총회에서는 지역적 협력관계 강화란 점에서 또 다른 커다란 발전을 이루어냈다. 즉, 이 회의에서는 실질적인 경제개발을 위해 회원국 사이의 협력관계를 보다 실용적인 방향으로 전환하기로 합의했다. 또한 회원국들이 공동으로 추진할 많은 프로젝트들을 승인하였다. 한편 경제부문에서 지역적 협력관계를 보다 강화하기 위해 에너지이사회, 관광이사회, 환경이사회와 같은 '두만강유역 개발사업'의 실무조직들을 창설하였다. 한편 '유엔 파트너십 사무소'와 '유엔개발계획'의 지원을 받아 지역경제발전을 위해 민-관 협력체제를 효과적으로 구축해 나갈 '두만강유역 개발사업 기업인자문회의'도 출범하였다.

2009년 3월 몽골 울란바토르에서 성공적으로 개최된 제10회 '두만강유역 개발사업 5개국 위원회' 총회, 제2회 투자포럼, 제3회 '기업인자문회의'에서는 논의사항들과 결정사항들을 정리한 '울란바토르 협정'이 발표되었다. 회원국 간의 협력관계에 상당한 진전이 있었음이 명확히 드러난 이 회의에서는 수많은 구체적 세부사항들이 결정되었다.

새로 만들어진 조직 중 하나인 '두만강유역 개발사업 운송위원 회'는 회원국 사이의 경제협력을 지원하기 위해 적절한 운송기 반시설과 물류네트워크를 확보한다는 목적을 명시했다. 올 하반 기에 '두만강유역 개발사업 운송위원회'의 첫 번째 회의가 개최 될 예정이다.

'두만강유역 개발사업' 회원국들은 기술상, 절차상으로 무역을 촉진시키기 위해 '무역촉진위원회'의 창설에 관심을 보여왔다. 이 기구는 지역의 무역발전과 무역장벽의 철폐를 위해 일하게 될 것이다.

회원국 중앙정부뿐만 아니라 다양한 국제기관, 지역기관, NGO, 민간기업들이 '두만강유역 개발사업'을 통한 협력관계강화를 적 극적으로 지지하였다. 특히 제10회 '두만강유역 개발사업 5개국 위원회' 총회에서는 '기업인자문회의'와의 합동회의가 한 차례 열려 동북아시아 지역의 민-관 대화통로를 확립하는 데 기여했다.

현재 '두만강유역 개발사업' 회원국들은 실질적인 경제통합에 보다 많은 관심을 기울이며, (5개국 위원회에서 공동 결정한) '두만강유역 개 발사업'의 다양한 프로젝트들을 실천하기 위해 지속적으로 협력하 고 있다. 이러한 프로젝트로는 동북아시아 페리노선(속초-니가타-주 루비노-훈천)개발, 러시아 주루비노 항구의 근대화, 두만강 수자원 보호사업, 몽골-중국 철도 건설, 에너지부문 역량강화, 훈천-마할리노 철도노선의 재개통, 중국-북한 국경지대의 도로 및 항만 건설사업, 복수목적지 관광사업개발 등이 있다.

회원국들은 이러한 프로젝트를 성공적으로 실현하기 위해 구체적인 조치들을 취하고 있으며, 또 다른 한편으로는 보다 많은 투자를 유치하기 위해 애쓰고 있다. '두만강유역 개발사업 5개국 위원회'에 의해 만들어진 '두만 사무국' 역시 이러한 프로젝트들을 추진하고 브랜드화시키기 위해 지속적인 노력을 기울이고 있다.

▌앞으로 나아가야 할 길

동북아시아 지역이 보다 성공적으로 발전해 나가기 위해서는 '두만강유역 개발사업' 회원국과 국제기구의 공동노력이 필요하다. 법적, 재정적인 면에서도 동북아시아 지역 상호협력체계를 발전시켜나가야 한다. 즉, 고위층 정치지도자의 협조를 촉구하고, 국가 간 협력관계를 발전시키며, 지역의 특징과 잠재력을 선전하고, 국경지역의 물자이동절차를 단순화하며, 사업환경을 개선해 나가야 한다.

지난 몇 년 동안 동북아시아 국가들의 공동협력관계에 대한 관심이 증대되고 있다. '두만강유역 개발사업' 회원국들은 다양한 지역문제에 상당한 관심을 표명하고 있다. 예를 들면, 러시아 정부는 극동 및 시베리아 지역을 개발하기 위한 연방프로그램을 추진하며, 다가오는 2012년 블라디보스톡에서 APEC 총회를 유치할 예정이다. 중국중앙정부는 동북아시아 산업지역 경제활성화 프로그램을 마련하고, 두만강유역 삼각지에 국경개발지역을 허가했다. 한국과 북한은 라선 자유무역 지대에 최초의 식품산업부문 남북합작기업을 세우기 위해 협상을 개시했다. 몽골횡단철도의 건설이 곧 착수될 것이며, 동북아시아 지역 페리노선 개발이 추진되고 있고, 한중일 해저터널 건설이 논의되고 있다. 이 모든 프로젝트들이 동북아시아 지역에서 무역이 강화되고, 투자가 확대되며, 지속 가능한 성장이 이루어지도록 만드는 특별한 기회들을 제공하고 있다.

동북아시아 지역의 경제통합을 추진하는 일은 그 자체로도 의미가 크지만, 나아가 선린관계와 상호이해를 증진하는데도 큰 도움이 될 것이다. 이러한 관점에서 '두만강유역 개발사업' 회원국들은 상호이해와 상호신뢰를 높이기 위해 보다 많은 노력을 기울여야 할 것이다. 지속 가능한 성장은 회원국 정부의 주요한 정책목표일 뿐만 아니라 민간기업, NGO, 학술기관들이 공동으로 책임져야 할 부분이기도 하다. 동북아시아 지역의 협력관계를 증진시키기 위한 특별기금을 마련하여 이 지역의 공동교육, 정보통신, 문화활동 프로젝트에 투자할 필요가 있다. 이러한 맥락에서 '두만강유역 개발사업'에서 유엔 파트너십 사무소, 유엔세계관광기구, 동북아시아 지역 자치단체연합, 제주평화연구원 등과 같은 다양한 기관들과 협력하여 공동주최하는 행사들이 동북아시아 지역의 평화 유지와 지속 가능한 성장을 이루어내는 데 매우 중요한 역할을 할 것으로 기대된다. 우리 두만 사무국은 다양한 기관들과의 이러한 협력관계가 더욱더 발전되고 강화되기를 바란다.

---

* JPI PeaceNet 3호 2010년 2월 26일 영문 발간
* 원제는 "Greater Tumen Initiative and Cooperation in Northeast Asia"

중미관계에 드리워진 역사의 저주를 풀어라

WANG Fan
Institute of International Relations
China Foreign Affairs University

2010년 초부터 미국 버락 오바마 대통령의 대만과 티베트 정책 때문에 중미관계에 긴장이 감돌기 시작했다. 오바마 대통령이 중국의 거센 반발에도 불구하고 대만에 무기를 팔기로 결정하고 달라이 라마를 만날 것을 선언한 것이다. 오바마 대통령의 이러한 행보 때문에 2009년 발전 가능성을 내비쳤던 양국관계가 다시 후퇴하고 있다.

2009년 당시 많은 분석가들은 오바마 행정부가 들어서면서 중미관계가 급진전할 것이라고 전망했다. 더욱이 오바마 대통령은 중미외교관계 30주년을 맞아 미국 대통령으로서는 처음으로 취임원년에 중국을 방문하며, 후진타오 주석과 함께 양국이 '공동의 도전과제에 대처하기 위해 협력관계 구축에' 최선을 다하겠다는 공동성명을 발표하기도 했다.

학자들은 중미관계에 새로운 정의를 내리고 싶어한다. 낙관론에 서 있는 많은 미국 학자들은 'G2' 개념을 거론하며 양국이 협력하여 세계를 지배할 것이라고 주장해왔다. 반대로 비관론에 서 있는 국제관계 전문가들은 '새로운 냉전'을 경고하고 있다. 이들은 과거 냉전시대의 미소관계처럼 중미관계가 대립할 수 있다며 우려하고 있다.

그러나 'G2' 또는 '냉전' 개념으로는 중미관계의 진정한 본질을 설명할 수 없다. 지금 중국과 미국은 정면충돌을 향해 달려가고 있지 않다. 지난 30년 동안 양국관계에서 상호의존도가 계속 증가해왔다. 중국은 중미관계를 강화시킬 수 있는 방법들을 적극적으로 찾아왔다. 또한 양국관계를 발전시킬 수 있는 초석을 다지기 위해 끊임없이 노력해왔다. 나아가 최근 몇 년간 양국은 협력관계 구조를 확고히 다져나가고 있다. 즉, 최고 지도자들 사이에 핫라인을 개통하고, 중미 전략경제회담을 개최하며, 양국 간 군사 교류를 실시하는 등 긍정적인 협력관계를 강화해왔다.

중미관계를 정의하는 수많은 슬로건 중에 가장 적절한 것을 고르라면 아마도 '복합적 상호의존성'일 것이다. 중국과 미국의 경쟁적 상호의존관계는 매우 미묘하고, 연약하며, 복잡하다. 그러나 학계는 현실주의와 자유주의로 양분되어 있다. 이러한 이분법은 단 하나의 관점에서 복잡한 세계를 바라보는 무의미한 일일 뿐이다. 중국과 미국의 경쟁은 갈등위험을 증폭시킨다. 하지만 동시에 다른 한편에서는 양국의 빈번한 상호교류 덕분에 상호협력관계가 강화되고 상호의존성이 높아지고 있다.

지난 30년간 중미관계에는 우여곡절이 많았다. 하지만 지금 현재 양국관계를 위험에 빠뜨리고 있는 문제들을 살펴보면 모두가 수없이 거론되었던 오래 묵은 과제들이라는 것을 알 수 있다. 지난 수십 년 동안 미국의 모든 대통령들은 대만(Taiwan), 티베트(Tibet), 무역(Trade)을 상징하는 '3T 문제'로 중국과 마찰을 빚어왔다.

중국의 전설적인 정치가 덩샤오핑은 중미관계에 대해 통찰력 있는 예언을 한 적이 있다. "양국관계는 너무 좋아지지도 너무 나빠지지도 않을 것이다." 그의 예언은 양국관계에 드리워진 역사의 저주가 되고 말았다. 수십 년 동안 양국관계가 그의 예언에서 벗어나지 못하고 있기 때문이다.

지금이라도 우리는 이 저주를 풀 수 있는 지혜로운 방법을 찾아야 한다. 중미관계를 발전시키기 위한 최선의 방법은 과거의 사고방식을 버리고 양국관계를 국제적 전략적 관점에서 접근하는 것이다. 여기서 필자는 중미관계의 딜레마를 풀기 위한 네 가지 '벽을 넘는(Go Beyond)' 방법들을 제시하고자 한다.

첫째, 양극적 사고방식의 벽을 넘어야 한다. 양극적 또는 다극적 사고방식은 힘의 정치의 산물로서 국제사회의 주역이 오로지 '국가'만이라고 주장한다. 이러한 사고방식은 다양한 요소들이 국제관계에서 작용하며, 국가 이외에도 권력과 영향력을 발휘하는 국제관계 주역들이 많이 존재한다는 사실을 간과하게 만든다. 중국과 미국은 국제사회에서 혁신적인 지도자가 되어 다양한 수준의 국제사회 구성원들이 상호협력할 수 있도록 주도해 나가야 한다.

둘째, 서로 다른 정치체제와 가치관의 벽을 넘어야 한다. 서로 다른 정치체제들이 오랫동안 경쟁하며 공존해왔고 앞으로도 그러할 것이다. 몇몇 개발도상국과 신흥선진국들은 자신만의 독특한 개발모델을 발전시켜왔다. 모든 나라가 따를 수 있는 보편적인 정치체제는 존재하지 않기 때문에 국가마다 자국의 특성에 맞는 개발전략을 선택해야 한다. 자신만의 개발모델을 찾기 위한 국가의 노력은 후손에게 전해줄 소중한 경험이 될 것이며 인류의 창의성을 보여주는 의미 있는 일일 것이다.

셋째, 지역협력의 벽을 넘어 국제협력을 추구해야 한다. 아시아태평양 지역에서 중국과 미국은 북핵 문제를 놓고 협력관계를 구축하며 지역문제 해결을 도모해왔다. 마찬가지로 에너지, 기후변화, 테러, 핵무기 확산방지 등 전 세계에 걸친 국제문제들을 해결하기 위해서도 양국의 협력이 절대적으로 필요하다. 이와 같은 새로운 도전과제들을 해결해 나가면서 양국관계의 깊이와 폭이 확장될 수 있다. 중국은 미국과 더불어 세계를 지배하려 하지 않는다. 중국은 유엔 상임 이사국으로서 여러 지역의 문제해결에 보다 적극적이고 건설적인 역할을 수행하고자 할 뿐이다. 이러한 관점에서 중국과 미국의 협력관계는 어느 특정 지역에 한정되어 있지 않아야 할 것이다.

넷째, 힘의 정치의 벽을 넘어야 한다. 물론 힘의 정치가 국제정치의 현실을 부분적으로 반영하고 있는 것은 사실이다. 그러나 이러한 사고방식은 중미관계에 커다란 걸림돌이 될 뿐이다. 이러한 사고방식 아래서는 갈등과 투쟁이 불가피하다. 지금과 같은 국제화 시대에 힘의 정치라는 좁은 틀을 가지고는 중미관계의 현안들을 풀어낼 수 없다. 하지만 중국만의 노력으로는 충분하지 않다. 쌍방이 함께 상호 신뢰를 쌓아가며 관계를 발전시키기 위해 노력해야 한다.

---

* JPI PeaceNet 5호 2010년 3월 9일 영문 발간
* 원제는 "Breaking History's Spell on Sino-American Relations"

논쟁에 휩싸인 대만 정치와 '대만-중국 경제협력기본협정'의 쟁점들

Hsin-Huang Michael HSIAO
Institute of Sociology
Academia Sinica

대만의 마잉주(Ma Ying-jeou) 총통은 지난 일년 내내 정치적 논쟁과 국민의 불신 속에서 헤어나지 못했다. 2010년 2월 9일 기자회견에서 마 총통은 국민당 정부가 '경제협력기본협정(Economic Cooperation Framework Agreement: ECFA)'을 무리하게 밀어붙인 까닭을 변명하던 도중 그간 가까스로 외면해왔던, 국민들이 제기한 의혹들에 정면으로 부딪치고 말았다. 마 총통은 중국과 '경제협력기본협정'을 체결하면 대만 국민들이 중국에서 관세 없이 사업을 펼칠 수 있고, 나아가 ASEAN 회원국과 자유무역협정을 벌이는데도 장애물이 사라질 것이라고 주장했다. 그러나 한편으로는 '경제협력기본협정'이 대만에게 기회인 동시에 위험이 될 수도 있다고 인정하며, 정부가 위험요소들을 최소화하기 위해 최선을 다하고 있다고 말했다. 또 이를 위해 30억 달러의 피해보상기금이 마련될 것이며, 농산물 수입을 절대 불허하여 대만 농업을 지켜낼 것이라고 약속했다. 그리고 중국과의 협상과정이 모두 투명하게 공개될 것이라고 약속했다. 하지만 양당의원들로 구성된 입법 프로젝트 팀을 만들어 협상을 감독하자는 야당인 민진당의 요구는 단호하게 거절했다. 마 총통은 기자들의 질문에 답하면서 '평화통일'이나 '한 국가, 두 체제'와 같은 중국과의 '정치적 동맹'은 절대 일어나지 않을 것이라고 다시 한 번 강조하고 '경제협력기본협정'이 정치적 수준으로 발전하지 않고 경제적 수준에서 머무르기를 희망한다고 분명히 밝혔다.

마 총통은 샤오(Siew) 부통령, 우(Wu) 행정원장, 시(Shih) 경제부장관, 라이(Lai) 대륙위원회 주임을 대동하고 기자회견장을 찾았지만, 이들 중 누구도 총통의 말에 부연설명이나 코멘트를 하지는 않았다. 이들 고위관리들과 이들의 소속부서에서는 지난 12개월 동안 '경제협력기본협정'에 대한 국민의 확신과 지지를 얻어내려고 애써왔지만 결과적으로 실패하였다. 불행히도 마 총통은 국민의 의혹을 해소시키지도, 민진당의 동의를 끌어내지도, 대중의 신뢰를 얻어내지도 못했다.

▌계속되는 정쟁

마 총통의 기자회견 직후 민진당의 차이잉원(Tsai Ing-wen) 주석은 '경제협력기본협정'이 대만에 부정적 영향을 줄 것이라는 국민의 불안과 의혹이 전혀 해소되지 못했다며 실망하고 마 총통을 맹비난했다. 마 총통은 정부가 구체적으로 어떤 '위험'을 예상하는지, 어떻게 대만의 산업부문과 노동자들을 보호할 수 있을지 전혀 설명하지 못했다. '경제협력기본협정'이 체결되면 대만의 실업률이 7~8%에 이르고, 많은 중소기업들이 문을 닫게 되며, 농업부문이 심각한 타격을 받을 것이라는 예측들이 나돌고 있다. 거시적으로 볼 때 가장 심각한 위험은 대만 경제가 중국에 전적으로 의존하는 것이다. 이미 중국은 대만의 가장 중요한 무역상대국이자 투자국으로 떠올랐다. 현재 대만은 중국에 총투자의 70%를, 총수출의 40%를 하고 있다. 많은 대만 전문가들이 '경제협력기본협정'이 체결되면, 대만은 소위 말하는 '하나의 중국 정치체제'의 전주곡인 '하나의 중국 시장'에 의해 좌지우지될 것이라고 우려 속에 경고하고 있다. 대만의 많은 정치비평가들은 대만과 중국의 경제무역협력이 경제적인 면에 머무르지 않을 것으로 예상하고 있다. 그들은 중국이 대만을 합병할 정치적 계획을 가지고 있음을 만천하에 공개한 마당에 중국을 일반적이고 정상적인 무역상대국으로 여길 수는 없다고 지적한다. '경제협력기본협정'으로 인한 가장 큰 타격은 대만의 주권이 될 것이다.

야당과 많은 대만 국민들이 '경제협력기본협정'에 관련된 정치적 논쟁의 핵심이 대만의 주권과 정체성 수호에 있다고 믿는다. 민진당 차이(Tsai) 주석의 경고처럼 중국은 분명 대만에 정치적인 보답을 요구할 것이다. 중국의 왕이(Wang Yi) 대만사무판공실 주임은 일단 '경제협력기본협정'이 체결되고 나면 더 이상 해결할 경제문제가 없을 것이므로 정치적 협상이 그 뒤를 따라야 한다는 의견을 밝혔다. 대만의 야당과 전문가들이 끊임없이 경제협력강화에 따른 정치적 문제들을 제기하고 있지만, 정부는 그 어떤 질문에도 명확한 답변을 하지 못하고 있다. 마 총통이 '정치적 동맹'은 절대 없을 것이라 아무리 단언해도 국민의 의혹은 조금도 줄어들지 않고 있다.

▌풀리지 않는 국민의 의혹

작년 2월 이후 마 총통이 중국과의 경제협정을 강력하게 추진하면서 대만의 국민들은 논쟁과 혼란에 휩싸이고 말았다. 당황한 대만 국민들은 양안경제협력이 대만의 중소기업, 노동계, 농업, 사회통합에 부정적 영향을 미칠 것이라고 우려했다. 정부가 '경제협력기본협정'의 예상손실을 교묘히 감추며 예상이익만을 일방적으로 선전하면 할수록 일반국민 사이에서는 의혹이 더욱 짙어져 갔다. 2009년 3월 민진당이 주관한 설문조사결과 응답자의 45%는 '경제협력기본협정'이라는 이름조차 알지 못하며, 49%는 중국과의 경제협력 강화가 대만의 독립성 및 자치권을 보장하는 데 해가 될 뿐이라고 우려했다. 또 57%는 대만이 국제경제무역에서 배제되거나 고립되지 않기 위해 중국과 경제협력을 강화해야 한다는 정부의 주장에 동의하지 않았고, 71%는 중국에서 가격덤핑 공산품과 농산물이 밀려올 것이라고 우려하며, 양안경제협력관계가 진전될수록 대만의 실업문제는 악화될 것이라고 예상했다.

조사 당시에도 대만 국민들은 중국과의 경제협정으로 인한 정치적 피해에 대해 염려하고 있었다. 반대로 마 총통은 불가피해 보이는 정치적 피해에 대해 언급조차 꺼려왔다. 78%의 응답자가 경제협정에 내포되어 있는 정치적 본질에 접근하기 위해 정부가 우선 야당과 합의를 이루어내야 한다고 생각했다. 89%는 행정부가 입법부와 경제협상에 대해 사전논의하고 입법부의 감독을 받아야 한다고 응답했고, 64%는 중국과의 경제협정이 대만의 주권을 위협할 수 있으므로 국민투표가 반드시 필요하다고 주장했다. 80%는 중국이 일방적으로 주장하고 있는 '하나의 중국 원칙' 아래 중국과 경제협력협정을 맺는 것 자체를 반대했다. 마지막으로 54%가 마 총통 정부의 대만이익 수호의지와 양안관계 협상 능력에 회의를 표했다.

한편 2009년 12월 '글로벌 뷰(Global View)'지의 조사결과에 따르면 49%의 대만인들이 마 총통 행정부가 국민의 이익을 수호하고 '경제협력기본협정'의 부작용을 최소화할 수 있는 능력이 없다고 응답했다. 민진당의 최신 설문조사에서도 68%의 국민들이 현재의 입법부가 행정부의 대(對)중국정책을 효과적으로 감독하지 못하고 있다고 평가했다. 74%는 '경제협력기본협정'을 감독하는, 양당의원들로 구성된 프로젝트 팀이 필요하다고 생각했다. 조사결과를 보면 대만 행정부가 지난 일 년 동안 끊임없이 정책선전과 대중설득을 하였음에도 불구하고 국민들은 여전히 '경제협력기본협정'을 신뢰하지 않고 있음을 알 수 있다. 결국 지난 2월 9일 기자회견에서 마 총통은 현재 진행 중인 협상에서 회의 일정조차 확정하지 못했다는 사실을 고백하지 않을 수 없었다. 우 행정원장 역시 국민의 완전한 신뢰를 얻지 못한다면 '경제협력기본협정' 협상이 언제라도 중단될 수 있다고 한 발 물러섰다.

▌계급갈등의 심화

'경제협력기본협정'이 야기시킬 수 있는 심각한 사회문제 중 하나는 마 총통 정부가 언급조차 회피하고 있는 사회 계급갈등 심화문제이다. 대(對)중국 무역 및 투자에서 기득권을 차지하고 있는 대만의 대기업들과 자본가들은 2008년 3월 마 총통이 당선되자마자 양안 경제협력협정의 추진을 적극 찬성하고 나섰다. 일 년 후인 2009년 2월 마 총통은 '포괄적 경제협력협정'이란 이름으로 대만-중국 경제협정을 추진하겠다고 발표했고, 같은 해 4월에는 그 이름을 '경제협력기본협정'으로 수정하였다. 이름과 상관 없이 양안경제협정의 본질은 친중(親中) 자본가와 산업분야의 기득권을 보호하기 위해 대만-중국의 경제통합을 강화시키는 데 있다. 앞서 지적한 바와 같이 (노동자 또는 농부들의 사회운동조직에 참여하고 있는) 많은 정치사회비평가들이 양안경제통합을 강화하면 많은 사회문제들이 불가피하게 야기될 것이라고 공개적으로 우려를 표명하고 있다. 즉, 중소기업의 도산, 블루칼라 노동자의 실업문제 악화, 농부들의 강제실직, 경영자 또는 전문가로 이루어진 중산층 집단의 몰락, 전체인력시장에서 임금수준의 후퇴 등이 현실로 나타날 것이다. 사회적, 민중적 관점에서 볼 때 '경제협력기본협정'은 가난한 자를 희생시키며 부유한 자를 보호하는 정책이다. 몇몇 언론에서는 '새로운 계급투쟁'이라는 말을 사용하면서까지 '경제협력기본협정'의 부정적인 사회적 결과들을 엄중히 경고하고 있다.

▌결언

결론적으로 대만 국민들 사이에서는 '경제협력기본협정'이 국민당 마 총통 정부와 대기업 간의 '부정한 담합'으로 여겨지면서, 중국 또한 대만의 야당, 일반국민, 시민사회운동가들로부터 강한 반발을 받고 있다. 많은 비평가들이 지속적으로, 그리고 직접적으로 두 가지 경고를 해오고 있다. 첫째, 진정으로 '경제협력기본협정'을 통해 대만과 중국 사이에 평화를 증진시키고자 한다면 절대 대만의 주권을 담보로 하지 않아야 한다. 둘째, '경제협력기본협정'으로 인해 대만이 보다 부유해질 수 있다면 절대 중산층, 노동자, 농부의 희생을 그 전제로 삼지 않아야 한다.

---

* JPI PeaceNet 6호 2010년 3월 17일 영문 발간
* 원제는 "Taiwanese Contentious Politics and Controversies over Taiwan-China ECFA"

ECFA에 관련한 양안관계에 대한 중국의 입장

Dingli SHEN
Fudan University

중국 본토와 대만은 60여 년 동안 통일되지 못했지만 1980년대 말부터 경제 교류를 시작하였다. 최근에는 경제협력기본협정(Economic Cooperation Framework Agreement: ECFA)을 협상 중이며 5월이나 6월쯤 체결될 전망이다.

ECFA에서는 양안의 자유무역, 쌍방의 투자보호, 지적재산권 보호 강화 등을 세 가지 주요 요소로 다루고 있다. 대만의 제1의 무역 파트너인 본토와 대만 사이의 쌍방향 무역을 증진시키려면, 쌍방향 대화와 합의로써 양안의 평화와 안보에 기여하는 원활한 경제협력을 지지해야 한다.

수십 년 동안 본토와 대만 사이의 분단 현실과 정치적 불신이 동아시아 평화와 안정 유지에 끊임없는 위협이 되어왔다. 1990년대 이후 줄곧 대만 지도부에서는 베이징의 격렬한 비난을 받으며 '대만은 주권국가'라고 주장해왔다. 그러나 유엔을 비롯한 세계의 대부분의 국가들은 대만의 독립주장을 수용하지 않고 있다.

반면 양안 경제교류는 점점 더 활발해지고 있다. 지금까지 대만은 본토에 미화 7~8백억 달러를 투자해왔고, 매년 상당한 무역흑자를 누려왔다. 대만은 농업 등 상대적으로 취약한 산업부문과 일자리를 보호하기 위해 본토로부터 2,200품목의 수입을 금지하고 있다. 또한 본토에서 대만 투자 시장과 노동력 시장에 진출하지 못하도록 금지하고 있다.

많은 사람들이 대만의 독립 운동을 약화시키기 위해서, 대만에 훨씬 더 많은 혜택을 제공하는 불공정 무역과 경제 관계를 본토에서 허용하고 있다고 믿는다. 그러나 아직도 독립요구가 끊이질 않고 있으며, 만약 대만이 본토와의 무역에서 이익이 적어진다면 양안관계가 쉽게 악화될 것이라는 비관론이 지배적이다.

보고에 따르면 ECFA는 본토보다 대만에 보다 큰 이익을 가져다 줄 것이라고 한다. 이론적으로 양안 사이의 협정으로 양국에 동등한 혜택이 주어져야 한다. 그러나 현실에서는 대만이 873개의 농산물 품목과 1,300개의 공산물 품목의 수입을 거부하고 있다. 대조적으로 본토에서는 대만에 어떠한 제재도 가하고 있지 않다. ECFA가 체결된 후에도 대만 정부는 현재의 농산물 수입 제한을 그대로 유지하면서 1,400개의 수입개방 농산물 품목에 대한 세금도 더 이상 낮추지 않을 것으로 알려졌다. 그러나 ECFA하에서 본토는 무관세 정책을 시행하거나 수입관세를 낮추게 되므로, ECFA는 대만에게 일방적인 이익을 '창출해 줄' 것으로 전망된다. ECFA가 사실상 불평등 조약이기 때문에, 관세가 낮아지면 대만은 미화 900억 달러를 절약하는데 반해 본토는 미화 130억 달러밖에 절약하지 못할 것으로 예상된다. 또한 ECFA로 인해 대만에서는 26만 개의 일자리가 창출되고 GDP가 1.65~1.72% 증가될 전망이다.

'상호이익'이라는 거창한 목표가 세워져 있지만, 본토는 대만인들에 대한 진심을 담아서, 대만에 보다 많은 혜택을 주기로 결정하였다. 단기적으로는 본토가 경제적 이익을 희생하며 불평등 조약을 수락하는 것처럼 보인다. 그러나 장기적으로는 통일과정에 대한 현실적 구상이 만들어지지 않고 있는 상황에서, 대만 정부가 양안대결의 정치안보상 위험 요소를 감소시키면서, 보다 안정적이며 독립적인 태도로 협력하기를 본토에서는 기대하고 있다.

협정조항을 보면 분명 대만에게 보다 유리한 불평등조약이다. 본토의 경제규모를 살펴보면, 중국의 광동과 상하이를 비롯한 몇몇 지방들이 곧 대만 전체의 경제규모를 넘어설 전망이다. 베이징은 동아시아의 제도적 평화를 구축하기 위해서, 경제적인 양보를 할 수 있는 충분한 힘과 자신감을 가지고 있다. 그리고 대만이 ECFA의 '초기수확'을 거두어들인 후 시간이 가면 본토에 대한 차별적 무역정책을 완화할 것으로 기대한다. 또 본토에서 베이징에 대한 불공정 무역 관행을 철회하도록 요구할 수도 있을 것이다.

．

대만은 ECFA 이후를 바라봐야 할 것이다. 대만은 동아시아 국가들과 자유무역 협력관계를 맺고 싶어한다. ASEAN 회원국 중 대만과 공식적 관계를 맺고 있는 국가는 아직 없으며, 그러한 관계를 맺기 위해서는 베이징의 허락을 받아야 한다. 그러므로 ECFA가 체결되면 대만은 자유무역 지역체제에 첫발을 내딛게 될 것이다.

현재 ECFA 체결이 가시화되고 있다. 양안의 정치적 경쟁은 결코 본받을'만한 모범을 제시하지 못했지만, 양안의 경제무역교류는 국가화해의 건설적인 모델이 될 수 있을 것이다. 두 정부 모두 경제상, 안보상 이익에 관심을 가지며, 그 이익을 최대화하기 위해 노력하고 있다. 한편 세계화 시대를 맞아 경제요소의 흐름과 교류를 통해서, 관련 국가와 지역 전체에 이익을 가져올 수 있게 되었다. 모두에게 이익을 가져오는 올윈전략(all-win strategy) 덕분에 다양한 관련국들이 서로 협력하며 공정한 거래를 펼치려 노력하고 있다.

이러한 양안의 경제협력 노력은 남북한 화해과정에 시사하는 바가 크다. 양안관계와 남북한 관계가 완전히 똑같지는 않지만, 즉 '하나의 중국'과 '두 개의 한국'이라는 차이점이 있지만, 통일문제로 흔들리고 있는 두 개의 양국관계에서 분명한 공통점을 찾아낼 수 있다.

한반도에도 역시 남북한 사이의 깊은 불신의 골이 존재한다. 즉각적인 상호정치체제 포용은 현실적으로 어려우나, 베이징과 대만의 경우처럼 우선 건설적인 남북한 경제교류를 펼칠 수는 있을 것이다. 비슷한 맥락에서 남북한의 경제무역협력이 증진되면, 미래의 정치적 화해 가능성이 커질 것이다.

* JPI PeaceNet 8호 2010년 3월 30일 영문 발간
* 원제는 "A Chinese Perspective on Inter-strait Relationship Concerning ECFA"

동아시아 공동체 논의 현황 및 고려사항[*]

┃ 배경

• 동아시아 공동체 논의의 등장

1990년대 초 EU의 발전, NAFTA의 체결 등 지역주의 움직임에 대응하기 위해 말레이시아 마하티르 총리가 아시아 지역 협력체로서 EAEG(East Asia Economic Group) 창설을 제안했다. 1997년 아시아 금융위기를 계기로 ASEAN+3 정상회의가 최초 개최되면서, ASEAN+3 체제를 중심으로 동아시아 지역협력 논의가 본격적으로 시작되었다. 동아시아 지역협력의 구체적 실천방안 마련을 위해 우리 정부 주도하에 구성된 동아시아비전그룹(East Asian Vision Group: EAVG)은 2001년 ASEAN+3 지역협력의 비전으로 '평화·번영·발전을 추구하는 동아시아 공동체 형성'을 제시했다.

• 동아시아 공동체 논의의 재부상

동아시아가 세계 경제의 중심으로 부각되면서 주요국들의 동아시아 지역협력에 대한 관심 증대 및 아·태 공동체(APc) 구상 등 새로운 차원의 지역협력 논의가 활성화되는 추세이다. 정상 간 전략대화 체로 출범한 동아시아 정상회의(EAS)를 실질적인 동아시아 지역협력 메커니즘으로 강화하려는 경향에 따라 ASEAN+3와의 관계 정립 문제가 대두될 수도 있으며, 한·중·일 3국 정상회의가 ASEAN 정상회의와 별도 계기로 개최되고, 3국 협력체제가 제도화되면서, 동아시아 지역협력 및 3국 간 협력 관계에 대해서도 ASEAN이 주시하고 있는 상황이다. 한편, 우리 정부가 작년에 발표한 '신아시아 외교'의 성공적 이행을 위해서도 동아시아 지역협력 또는 동아시아 공동체 구축 논의에 주도적으로 참여할 필요가 있다.

▌동아시아 지역협력의 현황

• ASEAN+3 / EAS

1997년 시작된 ASEAN+3 체제는 정상회의 외에 외교, 초국가범죄, 경제, 재무 등 20여 개 분야별로 각료회의, 고위급 회의, 국장급 회의 등 57개의 협의체를 운영하고 있다.

한편, EAVG가 제시한 비전의 실행방안 마련을 위해 EASG(동아시아연구그룹)가 제시한 협력 사업으로 2005년 역내 현안에 대해 각국 정상들이 자유롭게 의견을 개진하는 정책대화 협의체로 출발한 EAS는 ASEAN+3 회원국에 호주·인도·뉴질랜드 3국이 추가된 'ASEAN+3+3' 체제로 운영되고 있다.

• 한·중·일 협력

한·중·일 3국은 1999년 이후 매년 ASEAN+3 계기로 3국 정상회의를 개최하며 다양한 분야 및 수준에서 협력을 추구하고 있다.

내용 면에서, 초기에는 경제, 문화·인적교류, 대ASEAN 협력을 중심으로 협의하였으나, 점차적으로 비전통안보(재난관리, 해양구조), 주요 지역 및 국제문제(북핵문제, 환경·기후변화) 등으로 범위를 확대하고 있는 중이다.

제도화 측면에서, 초기에는 ASEAN+3 계기로 3국 간 협의체를 운영해오다가, 최근에는 ASEAN+3과는 별도로 2008년 12월 최초 정상회의(일본, 후쿠오카), 2009년 10월 제2차 정상회의(중국, 베이징) 등 한·중·일 3국 내 별도 대화를 개최하는 관행을 구축하고 있다.

• ARF / APEC

상기 이외에도 각료급의 ARF가 개최되어 역내 국가들 간의 정치·안보 문제에 대한 자유로운 의견교환의 장을 제공함으로써 분쟁의 사전방지 등 예방외교의 틀 마련에 기여하고 있다. 1994년 ASEAN 원회원국 6개국과 대화상대국 등 총 18개국이 참여, 현재 27개 회원국으로 확대되었다.

또한, 경제협력 분야에서 APEC이 설립되어 무역·투자 자유화에 대한 논의를 하고 있다. APEC은 1989년 호주에서 12개국 간 각료회의로 출범하여 1993년에는 미국의 제안으로 정상회의로 격상되었다.

• 새로운 지역협력 구상: 아시아태평양공동체(APc) 구상 및 동아시아 공동체(EAc) 구상

호주 러드 총리의 아시아태평양공동체(APc) 구상은 아·태 지역 정치·안보·경제를 포괄하는 정상급 협의체를 만들자는 구상이다. EAS는 미국을 포함하고 있지 않으며, APEC은 경제이슈에 집중되어 있고, ARF 역시 안보이슈를 다루는 각료급 협의체이기 때문에 멤버 구성 및 논의 의제 등에 있어 포괄적이지 않다는 인식에서 비롯되었다.

ASEAN 국가들은 아시아 지역 협력에 있어 그동안 유지해 왔던 ASEAN 중심성(centrality)을 강조하는 입장이며, 이에 호주는 ASEAN 국가들의 지지를 얻기 위해 ASEAN의 중심적 역할을 인정하는 바탕 위에 APc 구상을 추진하고자 노력 중이다.

일본 하토야마 총리는 아시아 중시 외교 전략의 일환으로 우애

(fraternity)에 기반한 동아시아 공동체 비전을 제시하였는데 이는 당장의 통합을 염두에 둔 구체적 제안이라기보다는 동아시아 지역협력을 강화하겠다는 정치적 의지를 표명한 것으로 해석된다.

• 미국의 대(對)아시아 지역협력 강화

미국 오바마 행정부는 복합적이고 다양한 지역적·범세계적 도전에 효율적으로 대처하기 위하여 다자적 접근과 국제협력을 중시하고 있으며, 이에 따라 아시아 지역과의 협력강화를 추진하고 있다.

2010년 1월 12일 클린턴 미 국무장관은 하와이 East-West Center 연설을 통해 미국의 대아시아 지역협력 강화를 위한 5대 원칙을 표명하였는데 이는 다음과 같다.

1) 동맹 및 양자관계를 바탕으로 한 협력 추구: 한·일·호주 등과의 동맹 관계, 인도·중국·베트남·싱가포르 등과의 협력관계를 바탕으로 다자적 협력 추구
2) 지역협력체의 분명한 목표 추구: 안보, 경제성장, 민주주의, 인권 등
3) 지역협력체의 성과 지향적 운용: 효율적인 의사결정과정을 갖추고 구체적이고 실용적인 목표를 위해 작동되는 지역협의체 필요
4) 성과 도출을 위한 유연성 유지: 유연성 제고를 위해 미·일·호, 한·미·일 등 소규모 국가들로 구성된 이슈 중심의 협력 강화(소위 minilateral 협력)
5) 공동의 미래를 도모하는 결정적 지역기구(defining regional

institutions)의 구성 필요성: 모든 주요 이해 당사자의 참여가 필요한 바 APEC 같은 기존 협의체 또는 EAS 같은 비교적 최근의 협의체 등 모든 협의체를 두고 관련국들 간 논의 필요

▌ 동아시아 지역협력 관련 고려사항

• ASEAN+3와 EAS의 중복

EAS 출범 당시에는 ASEAN+3가 동아시아 공동체 건설의 바탕이 되며, EAS는 전략적 공동관심사에 대한 토론의 장으로 활용되어야 한다는 공감대를 형성하였다. 다만, 호주·인도·뉴질랜드, 일본, 일부 ASEAN 국가들은 EAS 출범 직후부터 EAS를 전략대화체 성격을 넘어 실질적인 지역협력 메커니즘으로 논의의 폭을 확대해 가고자 함으로써, 동아시아 공동체 논의 과정에서 ASEAN+3 체제와의 기능 중복 문제가 대두될 수 있다.

• EAS 확대

EAS는 출범 이후 16개국 체제를 유지해 왔으나(2006년 4월 ASEAN 외교장관회의 시 16개국 유지 합의) 최근 미국·러시아를 포함시키는 EAS 확대에 대한 논의가 부상하고 있다.

ASEAN 국가들은 최근 제16차 ASEAN 정상회의(2010년 4월 8~9일, 하노이)를 통해 미국과 러시아의 EAS 참여를 권고한다는 입장을 표명

한 바 있다.

"We encouraged Russia and the U.S. to deepen their engagement in an evolving regional architecture, including the possibility of their involvement with the EAS through appropriate modalities, taking into account the Leaders-led, open and inclusive nature of the EAS." (제16차 ASEAN 정상회의 의장성명 中)

• 한 · 중 · 일 협력 강화에 대한 ASEAN의 관심

ASEAN+3 정상회의와 별도 계기 한 · 중 · 일 정상회의 개최 정례화 등 3국 협력 제도화 움직임에 대해서도 ASEAN이 주시하고 있는 분위기이다.

결어

우리의 지역협력 정책방향은 일정 기간 지역통합보다는 '지역협력의 심화'라는 관점에서 추진하는 것이 바람직할 것으로 본다. 즉, 현재로서는 다양한 지역협력 논의에 대해 단정적인 입장을 표명하는 것보다는, 적극적이고 개방적인 지역주의를 추구하면서 향후 논의 전개 추이에 따라 유연하게 대응하는 것이다.

다만, 이와 별도로 지역협력의 궁극적 목적인 지역통합의 리더십 기반을 마련하기 위해 향후 역내 통합과 관련한 새로운 비전과 전략을

구상할 필요성은 여전히 상존하고 있다.

* JPI PeaceNet 11호 2010년 5월 18일 국문 발간
* 동 글은 2010년 4월 10일 JPI 정책포럼 세미나 개최시 제기된 내용에 기초한 것임.
  (참석자: 외교통상부 안성두 남아시아태평양국 심의관, 제주평화연구원 한태규
        원장 및 연구진)

중일 영토분쟁 '차세대 해결론'의 전환

손기섭
부산외국어대학교

최근 동중국해상에서 발생한 중일 간의 해양영유권 갈등과 중국 정부의 초강경 대응은 중국이 이제까지 조심스럽게 견지해 온 해양영토분쟁의 '차세대 해결론'의 전환을 국제사회에 알리는 계기가 되었다.

동중국해 해상에 있는 센카쿠열도(중국명: 댜오위다오)는 다섯 개의 작은 섬과 세 개의 암초로 이루어진 무인도다. 미국이 1972년 오키나와를 반환한 시점부터 일본이 실효적 지배를 해왔지만, 거리 상으로는 일본 오키나와에서 서쪽으로 420km, 대만에서 북쪽으로 185km 떨어져 있어 일본보다는 중국에 더 가까운 섬이다. 지난 9월 7일 일본 해상보안청 순시선의 중국 민간 어선 나포사건을 계기로 센카쿠열도 영유권분쟁은 중일관계의 기존 관행을 뒤집을 정도의 커다란 놀라움과 외교적 파문을 던졌다. 선장 잔치슝을 제외한 나머지 14명의 선원을 조기에 석방했음에도 불구하고, 불법조업을 하던 민간어선의 나포에 중국 정부가 이토록 강경한 입장을 보이리라고는 전혀 예상치 못했다.

중국 정부는 일본에 전방위 압박을 가했다. '즉시 무조건 석방'을 주장하며 주중 일본대사를 여러 차례 불러 외교적 압력을 가한데 이어, 유엔총회 참석차 미국을 방문 중인 원자바오 총리가 21일 구속한 선장을 즉시 석방하지 않을 경우, 강력한 대응조치를 강구하겠다고 언급하기에 이르렀다. 이후 중국 정부의 보복조치는 신속히 실시되어, 베이징 당국의 관광교류중단, 일부 일본기업에 대한 세무조사, 춘샤오 천연가스전의 단독개발 시사, 허베이성 군사시설의 불법촬영 혐의로 일본인 4명 구속 등 외교압박 카드를 쏟아냈고, 나아가 일본의 하이브리드 첨단자동차와 가전제품에 필수적으로 쓰이는 희토류 수출의 중단까지 발표했다. '공업의 비타민'으로 불리는 희토류는 하이브리드차와 전기자동차의 모터, 친환경 가전, 광자기 디스크, 금속가공과 의료장비에서 활용하는 레이저 등 첨단제품 생산에 없어서는 안 될 희소금속으로써 세계 생산량의 97%를 중국이 차지하고 있었다. 일본은 거의 전량을 중국으로부터의 수입에 의존하는 상황이었던 바, 일본 재계의 우려는 심대했다.

결국 일본 정부는 9월 24일 오후 선장 잔치슝을 석방함으로써 백기투항에 가까운 외교적 굴욕을 맛보았고, 2주 이상을 끌었던 센카쿠 열도의 갈등은 수습국면으로 전환되었다. '원칙에 따라 사법처리'라는 최초의 입장에서 크게 후퇴하여 중국의 압력에 굴복하는 모습을 보인 일본의 간 나오토 민주당 정권은 이 외교분쟁의 역풍으로 지지율이 12% 이상 급락하는 곤경에 몰렸다.

중국은 일본과 주변국의 예상을 뛰어넘어 왜 그토록 강공책으로 치달았을까?

센카쿠열도의 영유권을 두고 일본과 중국의 다툼은 그 역사적 뿌리가 깊다. 일본은 1895년 무주지 선점 원칙에 따라 센카쿠열도를 자국영토에 편입하여 실효 지배 중에 있으며, "분쟁자체가 존재하지 않는다"고 주장한다. 반면, 중국과 대만은 원래 중국 영토였던 이곳을 불법적으로 빼앗겼다고 주장하며, 중국 정부는 1992년 영해법을 제정하여 이곳을 자국영토로 명기했다. 센카쿠열도가 국제적으로 주목을 받게 된 계기는 1968년 10월 유엔 아시아극동경제위원회(ECAFE)의 조사에 의해, 주변 해역의 대륙붕에 풍부한 석유자원이 부존되어 있을 가능성이 보고된 뒤부터이다. 이후 중일 양국은 물론이고, 대만, 홍콩 등도 영유권을 주장하는 상황이 되었다. 70년대의 중일 양국은 국교정상화 및 평화우호조약의 필요성 때문에 영토분쟁 문제를 표면화시키고 싶어 하지 않았다. 1978년 중일 평화우호조약이 체결된 이후 해양 영토분쟁은 수면하에 잠복했다. 하지만, 이러한 상황은 1990년대 들어 점차 반전되어, 센카쿠열도의 영유권 분쟁과 동중국해에서의 해양자원 갈등이 2004년도 경부터 현안 쟁점으로 등장하여 중대한 외교문제로 비화했다. 동중국해에서 해양 영토의 영유권 문제와 더불어, 해양자원 개발을 둘러싼 분쟁이 가속화한 것이다. 1978년 평화우호조약의 체결 당시, 중국의 덩샤오핑과 일본의 후쿠다 수상은 이 센카쿠열도의 영유권 귀속문제를 후세에게 맡기는 '다나아게 방식'(영유권 문제를 차세대가 해결하도록 보류하고, 중일 관계를 발전시키는 방식)을 채택하여 분쟁해결을 후세에게 맡기는 타협전략을 선택했다.

"우선 선반위에 올려두고 나중에 차분히 토론하여 상호 받아들일 수 있는 방법을 천천히 모색하면 된다. 현 세대가 방법을 모색하지 못하면, 다음 세대가, 다음 세대가 방법을 모색하지 못하면 그 다음 세대가 방법을 모색하면 된다."

덩샤오핑은 일본의 실효적 점유를 인정하는 양보적 제안, 말하자면, '차세대 해결'을 시도했던 것이다. 덩샤오핑의 발언을 통해 나타난 중국 정부의 태도를 보면, 중국은 첫째, 당시로서는 해양 영토문제의 해결보다는 평화우호조약의 체결을 통한 상호협력에 더 큰 비중을 두었음이 명백하다. 중국은 평화우호조약의 체결을 통해, 중일 간의 '반패권 조항'에의 합의, 민간 경제협력의 확대 및 정부 간 경제협력의 심화를 강력히 희망했던 것이다. 실제적으로 평화우호조약이 체결된 이후, 1979년 12월 중국과 일본 간에는 15억 달러에 달하는 복수년도 총액결정의 엔차관협력 패키지에 합의했었다. 둘째, 센카쿠열도와 대륙붕문제는 양국 간에 외교적 갈등이 존재함을 지적한 다음에 그 문제의 해결을 차세대로 미루는 것이 유리한 것으로 판단했다. 전전 및 전후에 걸쳐 일본 쪽이 실효적으로 지배해 왔던 바, 외교적 쟁점으로서 문제제기만 해두는 것이 중국에 유리하다는 정치적 판단이었다.

이후, 센카쿠열도를 둘러싼 영토분쟁은 1980년대의 미중일 정치외교관계의 긴밀한 제휴로 인해 수면하에 잠재되었다. 나카소네 내각 기인 1984년 중국 후야오방 총서기의 방일을 전후해 중일관계는 대단히 밀접했다. 일본 국내에서도 1978년, 1984년 등 수차례에 걸친 '중국 피버'가 일어났고, 거시적으로 보면 70년대 말 이후 1989년 천안문사건에 이르기까지 중일관계는 미중일 외교제휴로 돈독한 관계를 유지했다. 따라서 센카쿠열도의 중일 해양 영토분쟁도 현재화되지는 않았다.

그런데, 중국의 힘이 강대해지기 시작한 90년대 이후 덩샤오핑의 '차세대 해결론' 정책은 전환되기 시작했고, 마침내 2000년대 덩샤오핑의 차세대라고 말할 수 있는 후진타오 시대에 이르러 양국 갈등은 수면 위로 부상했다. 중국 정부는 센카쿠열도 영유권분쟁과 동중국해 해양자원분쟁에서 다음 세 가지 갈래로 기존의 '다나아게 방식'을 전면 전환한 것이다.

첫째, 1992년 2월 중국 정부가 센카쿠열도의 주권과 여타 분쟁지역의 영유권을 단독으로 주장하는 영해법의 통과와, 1996년의 '유엔해양법협약'의 비준이다. 여기서부터 센카쿠열도의 영유권 귀속문제와 동중국해에서의 배타적 경제수역(EEZ)의 획정 및 대륙붕 설정을 두고 중일 양국은 첨예한 대립을 벌이게 되었다. 영해법을 제정한 이후의 중국 정부의 태도는 예전과 달리 동중국해 센카쿠열도의 영유권을 명확히 했다. 또한, 중국 정부는 해양정책의 체계화를 시도한 바, 1990년대 이후 센카쿠열도를 포함하는 해양정책을 총괄하는 종합적인 정책문서를 마련했다. 대표적인 해양정책 문서는 중국 국가계획위와 국가해양국, 국가과학위가 공동으로 작성한 '전국 해양개발계획'(1995년 5월)과 중국 국가발전개혁위, 국토자원부, 국가 해양국이 공동으로 채택한 '해양개발에 관한 국가계획 개요'(2003년 5월) 등이 있다.

둘째, 중국이 센카쿠열도에 대한 해양영유권을 확고히 주장하고 이를 외교적으로 표명하는 행동을 적극화한 점이다. 2004년도 3월 24일 일본 정부가 센카쿠열도에 상륙한 7명의 중국인을 체포하자, 중국 외무성은 공츄완 보도국장과 다이빙궈 외교담당 국무위원을 중심으로 센카쿠열도의 영유권을 거듭 주장하며 '국제법 위반행위'라고 일본 정부를 비판하고, 자국민 7명의 '즉시 무조건의 석방'을 요구했다. 일본 정부는 중의원 안전보장위원회에서 영유권을 확인하는 결의를 전원일치로 가결시켰지만, 최종적으로는 고이즈미 수상 관저에서 '일중관계에 저해되지 않도록 대국적 판단' 견지에서 7명을 강제퇴거시킴으로써 조기해결이 이루어진 바 있다. 또한 2005년 2월 공츄완 외무성 보도관은 일본 우익단체에 의해 건설된 등대를 일본 정부가 직접관리하고 재산으로서 보호해 간다는 일본 정부의 발표에 대해, "댜오위댜오 섬과 그에 부속하는 제 도서는 중국 고유의 영토이며, 일본이 취하는 어떠한 일방적 행동도 위법이며 효력이 없다"고 단언했다.

이러한 중국 정부의 태도는 이번 2010년 9월에 더욱 적극화되었다. 중국 외교부는 주중 일본대사를 여러 차례 불러 항의했으며, 잔치슝을 석방한 이후에도 "댜오위댜오와 부속도서는 중국이 주권을 보유한 중국의 영토로 이번 선원구금과 조사를 포함한 모든 사법조치는 모두 불법이며 무효이다"라고 강조하고 사과와 배상까지 요구하는 태도를 보였다. 반면, 일본의 사토 외무성 대변인은 "역사적으로나 국제법적으로 센카쿠열도는 일본영토가 분명하다"고 밝히고, "이번 사태는 중국어선의 공무집행 방해사건"이며, "중국의 사과 및 배상 요구는 어떠한 근거도 없다"며 받아들일 수 없다고 거부했다.

셋째, 2004년경부터 동중국해 해양자원분쟁이 날로 격화된 점이다. 중국은 2003년 8월경부터 중간수역에서 춘샤오, 단챠오의 두 천연가스전을 개발 중임을 표면화시켰고, 이에 대항하여 일본 정부는 2004년도 7월부터 동 수역 주변의 지층구조를 입체적으로 조사하는 3차원 조사를 실시했다. 일본 정부는, 2005년 4월 초 중국의 춘샤오, 단챠오 두 천연가스전은 일본측과 연결된다는 조사결과를 발표하면서 자료제공과 개발중지를 요구했다. 중국측의 반응이 없자 경제산업성은 4월 13일 일본 민간기업이 신청한 시굴권을 인가하는 수속에 착수했다. 이 시기는 중국 도시 전역에서 반일시위가 격화된 시기였다. 2005년 5월부터 2006년 5월에 이르기까지 5차에 걸친 양국 외무성 고위실무자회담이 열렸고, 중국은 제3차 회담까지 '공동개발' 논의에 응하지 않다가, 2006년 3월 제4차 회담부터 논의에 응했으나 그 성과는 미진했다. 일본은 EEZ 경계획정문제가 아직 해결되지 않은 상황에서 중국 정부가 중간구역 부근의 미묘한 해역에서 일방적인 천연가스 및 원유의 개발과 동중국해에서의 중국의 해양조사선과 해군군함의 급격한 활동증대를 우려했다.

2006년도 이후 중국 후진타오 정부와 일본 자민당 정권은 상호 '전략적 호혜관계'에 합의하면서 심각했던 중일분쟁이 진정국면에 접어들었고, 2007년 12월 후쿠다 일본총리와 원자바오 중국총리 사이에 동중국해 해양자원의 공동개발에 합의하면서 영유권분쟁도 수면하에 잠복했다. 이러한 기조는 2009년 9월 이후 민주당 정권이 정권을 잡은 후에도 지속되었다. 하지만, 이번 2010년 9월의 양국 간 분쟁의 격화는 이러한 합의가 상호 전략적이고 실리적으로 추구되는 일시적 현상인 것임을 입증했다. 일본 민주당 정권이 '동아시아 공동체 구상'을 제시하고 오자와 전 간사장이 대규모 방중단을 이끌고 우호적인 친중 제스쳐를 강화했음에도 불구하고, 중국은 해양 분쟁에서 한치의 양보를 하지 않는 태도를 보였기 때문이다. 중국은 강대해진 국력을 바탕으로 '힘의 외교'를 전개하면서 앞으로 센카쿠열도 해양영유권 주장을 보다 더 강력히 할 것으로 판단된다. 또한 중국이 베트남, 필리핀 등과 남중국해에서 영유권분쟁 중인 난사군도(영어명: 스프래틀리) 영유권분쟁이나 시사군도(영어명: 파르셀) 영유권 분쟁에도 '힘의 외교'를 구사할 가능성이 높아 보인다.

* JPI PeaceNet 28호 2010년 10월 12일 국문 발간

일본 민주당 정권하에서 미일동맹의 향방

박철희
서울대학교

고이즈미가 일본 총리였던 시절 미일동맹은 굳건하게 발전한 반면, 같은 시기이면서도 노무현 대통령 시절 한미동맹은 흔들렸다. 2010년 현재 시점에서 미국과의 동맹관계를 보면, 역전현상이 일어나고 있다. 이명박 정권에 들어서서 한미동맹은 포괄적 협력에 기반을 둔 '21세기 전략동맹'으로 발전해가고 있는 반면, 민주당 정권에 접어들어 미일동맹은 표류하고 있는 것처럼 보여진다.

문제는 자민당을 밀쳐내고 정권을 잡은 민주당이 포괄적인 외교안보전략의 청사진을 보여주지 못하고 있는 데서 출발한다. 민주당의 외교안보전략은 기본적으로 자민당, 그중에서도 고이즈미 시대의 외교안보전략에 대한 부정적 평가와 이에 대한 궤도수정으로부터 출발했다. 고이즈미의 대외전략이 정점을 드러낸 것은 그의 정권의 절정기였던 2005년경이었다.

당시 고이즈미는 미국과 일본과의 2+2 전략대화를 통해, 양국의 전략적 목표를 공유하는 기반위에서 미군과 자위대 전력의 상호운영성과 통합적 운용을 가능하게 하는 방향으로 동맹을 글로벌화 시켰다.

주일미군과 자위대 간의 역할분담과 기능적 통합을 강화한다는 의미에서 자마 공군기지, 요코타 기지 등을 중심으로 양국이 일본의 방위를 위해서는 물론, 지역에서의 유사사태에 대한 대응, 나아가 글로벌한 차원에서의 안보제공을 위해 같은 시선에서 문제를 파악하고 함께 행동하는 태세를 만들었다. 그 대신, 미군을 기동적이고 유연하게 운용하며 오키나와 주민들의 안보 부담을 경감한다는 차원에서, 후텐마 기지에 주둔하는 해병대의 일부를 괌으로 이전하고 나머지는 헤노코로 이전시킨다는 데 합의한 바 있다. 일본은 이에 발맞추어, 국제안보를 자위대의 본래의 업무로 격상시킴으로써, 자위대가 순수한 국내방어뿐만 아니라 국제평화유지활동 등에 참여할 수 있는 근거를 마련하기도 했다. 그러나, 이 같은 미일동맹 강화의 이면에는 중국 및 한국과의 갈등관계 확산이 존재하고 있었다. 일본이 국제연합 상임이사국 진출을 시도하면서, 이에 사실상 반대하는 중국과의 외교적 갈등은 정점에 이르렀다. 반면, 한국과는 2005년 2월부터 독도문제가 불거지기 시작하여 노무현 대통령이 일본과의 외교전쟁을 선언하는 정도에까지 이르렀다. 즉, 일본은 중국과 한국과의 외교적 마찰을 감수하면서까지 일방적인 미국추종외교, 미일동맹 강화외교에 매달렸다. 고이즈미를 가르켜 요미우리신문 정치부가 '외교를 말싸움으로 만든 사람'이라고 평한 이면에는 이런 이유가 있다. 전형적인 포퓰리스트 전술을 통해, 고이즈미 총리는 미국일변도 외교와 아시아 전략 부재를 드러냈다. 총리를 그만 두기 직전 미국을 방문한 고이즈미가 엘비스 프레슬리의 고향을 방문해서 부시 미국 대통령을 앞에 두고 "I love you, I need you"를 노래한 것은 고이즈미 외교를 상징적으로 보여준 것이었다. 한마디로 말하자면, 중국에 대항하면서 미국에 편승하는 전략이었다.

일본 민주당의 대외전략의 골격은 이 같은 고이즈미 외교에 대한 안티테제로부터 등장하였다. 민주당은 미국과의 우호적 관계 유지에 반대하지 않았지만, 미국일변도 외교에 도전장을 던졌다. 미국을 일방적으로 추종하여 미국의 요구를 전면 수용하는 외교를 지양하고 미국과 '대등한 동맹관계'를 가지겠다는 방침을 세웠다. 노무현정권 당시의 대등한 한미관계 구축을 내세운 맥락과 다르지 않은 선택이었다. 간단히 말해서, 할 말은 하겠다는 의지의 표현이었다. 또한, 아시아 외교가 부재했던 고이즈미식 외교에 대한 대항축으로서 동아시아 외교의 강화를 내세웠다. 아시아 근린국가들과의 신뢰관계 회복 및 장기적인 동아시아 공동체를 지향하겠다는 방향을 정했다.

그러나, 실제로 정권을 잡은 후 민주당이 미일동맹의 전환을 위해 선택한 이슈는 간단한 게 아니었다. 이미 이전을 약속한 후텐마 기지의 국외 내지 현외로의 이전이라는 선택은 이중의 과제를 제기했다. 하나는, 약속이행의 당사자인 미국과의 재협상이 필요한 부분이었다. 또한, 미군기지를 현외로 옮기자는 약속은 오키나와 현민의 동의는 물론 일본내 다른 지방자치단체들과의 긴밀한 조정과 협력이 필요한 부분이었다. 그러나, 당시 하토야마 정권은 이 두 가지 과제를 만족시킬 수 있는 정치적 역량이나 대안을 가지고 있지 못했다. 결국, 2010년 5월 말이라는 시한을 스스로 정했던 하토야마 정권에게는 후텐마 문제가 정권의 안정성 자체를 흔드는 악재로 작용하고 말았다. 이는 기본적으로 민주당 하토야마정권이 가지는 이상주의적 안보관에서 기인하는 것이었다. 미일안보조약은 미군에 대한 기지제공이라는 방식을 통해서만 존재한다는 사실을 간과한 국외 또는 현외 이전이라는 선거공약이 가지는 약점을 드러낸 것이었다. 오키나와에서의 미군기지 경감을 위해서는 우선, 지역안보 정세의 안정화가 절대적으로 필요하다. 하지만, 급부상하는 중국의 도전과 핵 개발에 이어 천안함 사건 등 군사적 도발이 예상되는 북한을 앞에 두고 미군기지의 축소나 경감은 현실적인 선택이 아니었다. 미군기지 경감의 또 다른 전제조건은 동아시아 공동체가 상당히 진전되어 안보딜레마를 해결해주는 외부 세력으로서의 미국의 존재감이 약화되는 시기일 것이다. 그러나 동아시아 국가들 간의 협력의 증대에도 불구하고 안보에 대한 불안감이 해소되었다는 징조는 어디에도 찾아볼 수 없다. 따라서 민주당 정권이 가진 이상주의적 안보전략은 현실적으로 통용되기 어려운 선택이었다. 미군기지가 오키나와를 떠날 경우 대체할 수 있는 시설도 없고, 이를 받아들여줄 수 있는 다른 지방자치단체가 없는 경우, 결국 미국과 일본은 일본 주둔 미군의 경감이라는 메세지를 발신하는 결과를 낳는다. 이는 오키나와 주둔 미군문제를 단순하게 양국간 관계속에서 파악하고, 그 이면에 존재하는 국제공공재적인 성격을 외면하는 처사일 수 밖에 없다. 단적으로 말하자면, 오키나와 주둔미군은 단지 일본의 방위만을 위해서 존재하는 것은 아니라는 사실에 대해 민주당 정부의 인식이 빈약했다고 할 수 있다.

그러나, 이와 같은 인식은 최근 발생했던 중국과 일본 간의 센카쿠/댜오위다오를 둘러싼 영토분쟁을 계기로 조금씩 전환되고 있는 양상을 보이고 있다. 센카쿠열도를 불법침입했다고 선장을 풀어주지 않고 오랫동안 억류한 것은 일본의 외교적 실책이었다. 공식적으로는 영토문제가 존재하지 않는다고 하면서, 중국인 억류를 통해 국제사회에 영토문제가 존재한다는 사실을 알리는 결과를 가져왔기 때문이다. 반면, 중국은 영토주권 수호와 자국민 보호라는 원칙하에, 일본대사의 되풀이되는 새벽 호출, 중국인의 일본 관광 제한, 희토류의 수출 금지, 일본 관광객의 군사시설 촬영을 이유로 한 4명의 일본인 구속 등 여러 가지 카드를 동시다발적으로 꺼내 듦으로써 일본을 압박하였다.

일본이 이에 굴복하여 선장을 석방하였음에도 불구하고, 일본에 대해 사과 요구를 계속함으로써 중국의 대외전략이 공세적으로 바뀌고 있다는 사실을 대내외에 천명하였다. 이러한 중국의 외교적 선택은 양국 간 문제를 해결하는 데 있어 단기적 효과를 낼 수 있었지만, 중국에게는 자국의 이익을 장기적으로 깎아먹는 부메랑으로 돌아온다는 사실을 인지하지 못했거나 아니면 신경을 쓰지 않는 기세이다. 마치 1996년 대만해협위기가 중국에 대한 국제사회의 경계심을 강화시키고 주변국들의 미국에 대한 의존을 강화시킨 것과 마찬가지로, 이번 센카쿠열도를 둘러싼 중국의 외교행태는 중국에 대한 주변국의 경계심을 강화시킬 것임은 두말할 나위도 없다. 중국이

'도강양회'전략을 접어두고 적극적 공세와 압박전략을 내세울 경우, 일본은 물론 다른 주변국도 미국과의 동맹관계를 강화할 것이 자명하다. 일본 민주당은 사실상 미국통이자 외교안보에서의 현실주의자인 마에하라를 외상으로 임명하여 미일동맹관계의 복원을 시도하고 있다. 힐러리 국무장관과의 회담에서 마에하라는 센카쿠열도가 미일안보조약의 적용대상이라는 언급을 받아냈고, 11월 오바마 대통령의 방일을 앞두고 전략적인 동맹관계를 복원하는 조치들을 하나 둘 가시화시킬 것으로 보인다. 그러나, 이 같은 궤도수정은 민주당 정권이 지나친 이상주의를 떨쳐내고 현실적인 선택을 한다는 것일 뿐, 아시아를 버리고 미국과의 관계개선에만 집중하는 고이즈미 노선으로 회귀하는 것은 결코 아니다. 일본 민주당 지도부는 일본이 미국과의 동맹을 잘 유지하지 못하면 다른 외교사안도 안정적으로 추진할 수 없다는 사실을 깨닫고 있고, 아시아 국가들과의 관계 개선이 없이는 국제사회로의 도약이 어렵다는 사실도 잘 알고 있다. 민주당 정권의 외교안보전략을 구체화시키는 것은 지금부터의 과제다.

---

* JPI PeaceNet 32호 2010년 11월 9일 국문 발간

동북아시아 다자적 안보체제의 구축은 불가피한가?

Steven KIM
Asia-Pacific Center for Security Studies

▍ 서론

제2차 세계 대전 이래 다자간 기구가 존재하지 않는 지역으로는 동북아시아(NEA) 지역이 있다. 동아시아만 비교하더라도, 가장 활동이 두드러진 동남아시아국가연합(ASEAN)을 비롯하여 아세안지역안보포럼(ARF: ASEAN Regional Forum), 동아시아 정상회의(EAS: East Asia Summit) 및 아세안 플러스 3개국 회의(ASEAN plus Three; 중국, 일본 및 한국) 등 다자간 기구의 활동이 동북아 지역보다 훨씬 더 앞서가고 있다. 미국을 포함한 동북아 지역 국가들은 몇몇 다자간 기구의 회원국이긴 하지만, 자체적으로 이 지역 공동의 이익을 추구하는 공식적인 연합체는 없다.

다자주의(mutilateralism)의 발전을 가로막는 가장 주된 요인은 미국을 비롯한 이 지역 국가 간의 불안한 관계라고 할 수 있다. 이는 과거뿐만 아니라 지금도 계속되고 있는 영토 분쟁과 과거사로 인한 것이다. 역사적인 앙금과 끊이지 않는 갈등으로 각국은 깊이 불신하고 대립하면서 서로 믿고 존중하는 분위기가 제대로 형성되지 못했는데, 협력을 위해서는 신뢰와 존중이 반드시 필요하다.

과거와 현재의 분쟁이 여전히 향후 다자주의의 발전을 어둡게 하고는 있지만, 외부 환경이 상당히 변하면서 이 지역에서 다자간 협력을 위한 새로운 전략적 가능성을 열어주고 있다. 급작스런 소련 연방의 붕괴와 냉전 종식으로 한국과 중국, 러시아 등 냉전 이전의 적대국 간의 외교 관계가 정상화되었다. 또한, 국가 간 무역, 투자, 관광 및 문화 교류가 늘어났으며, 한국 및 중국과 일본 정상들 및 장관들 간의 회의가 보다 더 정례화되었다. 그리고 국경을 초월한 위협을 대처하도록 상호 이해와 협력을 증진하기 위한 공식 및 비공식적 대화가 늘어났다.

북핵문제를 해결하기 위한 6자회담(Six-Party Talks)의 향후 전망은 불확실하다. 하지만 6자회담은 북한의 핵무기 개발계획과 관련하여 심각한 안보 문제를 해결하기 위한 특별 다자간 합의(ad hoc multilateral arrangement)를 위해 지금까지 한국, 미국, 일본, 중국, 러시아 및 북한 등 동북아시아 국가(NEA)들이 기울여 온 가장 중요한 노력 중의 하나이다. 실제로 협의를 통해 이 문제를 해결하기 위해, 많은 전문가들은 6자회담이 동북아 지역의 다자간안보체제로 진전할 가능성이 있는지 논의하였다. 동북아 지역의 다자간 협력의 가능성을 두 가지로 측면으로 보자면, 유리잔에 물이 반이나 채워져 있다는 긍정적인 측면과 반밖에 채워져 있지 않다는 부정적인 측면으로 나누어 볼 수 있다.

▎냉전 종식과 냉전 종식이 다자주의 강화에 미치는 영향

역사적으로 여러 불안한 관계들은 다자주의를 촉진하는 데 중대한 장애요인이었지만, 공산주의가 붕괴하고 냉전 체제가 해체되면서 동북아의 지역 협력을 촉진하는 강력한 반작용을 일으켰다. 긴장을 완화하는 데 가장 큰 도움이 된 중요한 변화는 과거 적대국 간의 외교 관계가 정상화된 것이었다. 과거 적대국 간의 화해는 제2차 세계 대전 이후 시작되어 단계적으로 이루어졌다. 1951년 미국과 일본은 샌프란시스코 평화조약을 체결하였으며, 일본은 공식적인 독립국으로서 미국의 동맹국이 되었다. 일본과 한국은 미국의 권유로 1965년 국교를 정상화했다. 1989년 베를린 장벽이 무너지기 전, 미국과 일본은 이미 중국과의 외교 관계를 수립하였다. 소련 연방이 붕괴되면서 한국은 러시아(1991년) 및 중국(1992년)과 관계를 정상화했다.

그러나 한반도는 여전히 냉전으로 인한 고립 지역으로 남아 있다. 유일하게 북한만 냉전 시대의 적대국인 한국, 미국 및 일본과 외교 관계를 수립하지 못했다. 심지어 중국과 러시아와의 관계도 악화되었다. 엄밀히 말하자면, 한국전쟁의 당사국들은 공식적으로 평화조약에 서명하지 않았기 때문에 여전히 전쟁상태에 있다. 또한, 끊임

없는 일본과 러시아의 영토 분쟁은 제2차 세계 대전을 공식적으로 종식할 수 있는 평화조약 체결을 방해하고 있다. 냉전의 흔적이 아직 완전히 사라지지는 않았지만, 과거 적대국 간의 의미 있는 관계 정상화는 이들 국가의 정치적·경제적·문화적 결속이 강화되도록 해주었으며, 다자간 협력을 위한 자극제가 되었다.

정치적인 것이 아니라 동북아 지역에서 가장 놀랄만한 발전이 이루어진 분야 중 하나는 공동의 이익을 창출함으로써, 협력에 박차를 가할 수 있는 지역의 급속한 경제적 통합이었다. 냉전 동안, 한국과 일본은 양국 간은 물론 미국과의 경제적 결속 역시 긴밀해졌다. 일본이 전후 복구를 촉진하고, 한국이 급속한 경제발전을 이루는 데 미국은 중요한 수출 시장이었다. 더욱이 한국 경제가 도약하는 초기 단계에서 일본의 투자와 원조는 중요한 역할을 했다.

한국과 일본 두 나라 모두 미국과 긴밀한 경제적 관계를 여전히 유지하고 있다. 하지만, 냉전 종식과 더불어 중국은 급속하게 경제 발전을 이루고 있으며, 중국은 한국과 일본에 있어 미국보다 더 중요한 경제 파트너가 되고 있다. 중국은 현재 한국과 일본의 가장 큰 무역 상대국이다. 한국의 경우, 중국과의 무역 규모가 일본 및 미국과의 무역규모를 합친 것보다 많다. 중국에 대한 외국인 투자와 관련하여 한국은 일본과 미국의 규모를 앞질렀으며, 중국에 제조 기반을 구축한 점은 한국이 핵심 수출 품목의 세계 시장 점유율을 높이는 데 중요한 역할을 하고 있다. 그러나 중국의 입장에서 미국과의 경제 관계는 투자와 기술의 원천으로나 최대의 수출 시장으로서 여전히 중요하다. 경제적 결속이 강화되면서 한국과 중국, 일본 간의 양자 간 자유무역협정에 대한 관심이 크게 증대되었다. 반면 서명이 이루어지고 한국 국회의 승인을 받은 한미 자유무역협정은 여전히 미국 의회의 승인을 기다리고 있다.

중요한 점은 다자간 안보 협력을 위하여 동북아 지역의 경제 상호 의존성을 증진시키는 것은 모든 당사국이 국가 간 분쟁으로 자국의 경제적 번영이 위협받거나 붕괴되지 않도록 보장하기 위한 공통의 이해관계가 있다는 것이다. 이러한 공통의 이해관계는 신뢰를 구축하는 수단을 마련하고 예방적 외교 및 분쟁을 촉진함으로써 분쟁을 해결할 수 있는 다자간안보체제(MSM: multilateral security mechanism)를 구축하도록 이끌어 줄 수 있다. 다시 말해, 다자간안보체제(MSM)는 회원국들로 하여금 협력을 통해 분쟁을 해결할 수 있게 해준다. 따라서 경제적 통합이 확대되면, 다자간 안보체제의 필요성도 커진다.

냉전 종식으로 정치적 · 경제적 발전은 다자간 협력의 확대를 촉진했지만, 이 지역의 안보 역학관계는 더욱 복잡한 양상을 띠고 있다. 따라서, 국가 간의 어떠한 잠재적인 분쟁도 협력적인 안보 방식으로 관리하지 않으면, 이 지역의 불안을 가중시킬 수 있다. 제2차 세계대전 이후, 동북아 지역은 세계를 주도하는 정치적 · 경제적 · 군사적 대국들의 집결지가 되고 있다. 이 지역에는 유엔안전보장이사회 상임이사국이 셋이나 있고, 세계 1, 2, 3위의 경제 대국과 3개의 핵 보유국이 있으며, 북한과 한국은 상비군 규모가 세계에서 각각 네 번째와 여섯 번째가 된다.

냉전 시대 이후, 점점 더 유동적이고 불확실해지는 동북아 지역의 안보 여건은 엄청난 능력과 힘의 배치에 따른 안보 파급 효과가 확대되는 것이다. 새롭게 부상하고 있는 중국, 현상 유지에 바쁜 미국과 같은 강대국들이 아시아 태평양 지역에서 자국의 상대적인 영향력과 입지를 강화하기 위해 서로 앞다투고 있다. 따라서, 동아시아 국가들은 지역 안보 구조에서 엄청난 변화를 겪고 있다.

동북아 지역은 새롭게 부상하고 있는 중국과 자국의 권리를 주장하는 일본, 급부상 중인 러시아는 물론 강대국과 해결되지 않는 안보 문제(북한의 핵무기 프로그램)를 안고 있는 '세계 속의 한국(global Korea)'을 열망하는 한국 등 중견국가(middle power)들의 본거지이다. 또한, 영토 및 역사적 분쟁이 끊임없이 일어나고, (중국과 한국의 '굴욕의 세기(century of humiliation)'로 인해) 강한 민족주의가 팽배하고, 에너지 수요가 늘어나고 있기 때문에 어느 한 국가가 자국의 안보를 강화하기 위해 노력하는 것이 모두에게 불안감을 가중시킬 수 있는 안보 딜레마에 쉽게 빠질 수 있다. 따라서 긴장이 고조되면 통제할 수 없는 소용돌이에 빠질 수 있고 군사적 충돌을 야기할 수 있다. 이는 이 지역과 세계에 엄청나게 불행한 결과를 가져올 수도 있다. 경쟁이 심해지고 안보 딜레마가 악화할 경우, 각국은 신뢰구축 수단을 실행에 옮기고 예방적 외교와 분쟁 해결에 관여하는, 즉 협력을 통해 분쟁을 해결하는 다자간안보체제를 마련하길 바랄 수도 있다. 따라서 역설적이지만, 긴장 고조 및 마찰 확대 가능성은 다자간안보체제(MSM)의 구축을 촉진할 수 있다.

끝으로, 이 지역 국가들은 테러리즘, 해적행위, 환경 파괴, 무기, 마

약 불법 거래 및 인신매매, 전염병, 기후 변화 등 국경을 초월한 위협의 발생으로 안보 여건의 변화를 겪고 있다. 이러한 새로운 위협들이 점점 더 커지고 있을 뿐 아니라, 급격하게 다양해지고 있는데, 이는 세계화와 정보 기술의 발전에 따른 것이다. 국경을 초월한 위협은 그 특성상 어느 한 나라만의 힘으로는 효율적으로 대처할 수 없으므로 다자간의 해법이 필요하다. 따라서 국경을 초월한 위협은 물론 인도주의적 지원과 재난 구제(HA: Humanitarian Assistance/DR: Disaster Relief) 및 복합위기 상황에 더욱 효율적으로 대처하기 위한 다자간안보체제를 구성하는 것에 대해 동북아 국가들의 관심이 높아지고 있다.

정부와 정부 간의 쌍방 접촉과 이 지역 정부들 간의 다자간 접촉이 늘어나는 것보다 더 주목할 만한 것은 관광과 문화 교류를 통한 인적 접촉이 폭발적으로 늘어나고 있다는 것이다. 어떤 면에서는 이것이 정부 간의 공식적인 접촉보다 한국, 중국 및 일본 국민의 상대국에 대한 사고방식을 바꾸는 데 훨씬 더 큰 영향을 미친다. 앞으로 가속화되겠지만, 관광 및 문화 교류가 크게 확대되는 것은 지역 협력에 중요한 의미를 갖는다. 이는 서로의 문화와 가치관, 그리고 신념을 함께 공유하는 것에 대해 이해를 증진시킴으로써 서로 다른 국민 간에 상호 이해와 신뢰를 강화하고 새로운 문화적 연대감을 창출함으로써 공동의 동질감을 향상시킨다.

따라서 동북아 지역의 국가들은 모든 분야에서 교류하는 긴밀한 네트워크를 통해 서로의 결속을 지속시킴으로써 더 쉽게 다자간 협력을 이루고 통합을 강화해 나갈 것이다. 비록 동북아 지역에서 다자간안보체제의 구축이 확실치 않다 할지라도, 지역의 평화와 안정과 번영에 중요한 이해관계가 있는 각국이 다원적인 미래(multilateral future)를 향해 노력할 것이라는 데 대해 희망을 걸 수 있다.

---

* JPI PeaceNet 33호 2010년 11월 16일 영문 발간
* 원제는 "Is the Creation of a Multilateral Security Mechanism in Northeast Asia Inevitable?"
* 본 원고는 저자 개인의 의견으로 Asia-Pacific Center for Security Studies, 미국방부 및 미정부의 공식입장과는 무관함을 알려드립니다.

한·러 관계의 새로운 조망

김덕중
경기대학교

1990년 9월 30일 유엔총회가 열리고 있던 뉴욕으로부터 한국과 소련이 국교 수립에 합의했다는 소식이 전해졌다. 이는 우리 역사의 새로운 장이 열린 것을 알린 것이었다. 1980년대 말 세계는 냉전구조의 해체 및 1989년 베를린 장벽 붕괴와 1990년 독일 통일이라는 대변혁 가운데 있었으며 한반도 정세 또한 급변하고 있었다. 1991년 남북한의 유엔 가입과 남북기본합의서 및 한반도 비핵화 공동선언 합의, 그리고 1992년의 한·중 수교를 가능하게 했던 결정적인 계기가 된 것은 바로 한·소 수교였다. 역사적으로 본다면, 1945년 북한 지역을 점령한 데 이어 1948년의 북한 정권 수립과 1950년 한국전쟁을 일으킨 과정에서 소련이 한반도에 얼마나 큰 영향을 미치는가를 재확인시켜 주었다. 앞으로 북한문제 해결과 한반도 통일 과정에서도 러시아가 중요한 기여를 할 수 있다는 예측을 가능케 한다.

금년은 한국전쟁 발발 60주년이자 소련군의 참전 60주년이기도 하다. 1950년 가을 중공군의 참전을 가능케 했던 것이 소련 공군의 지원이었고 그 역할을 담당했던 제64독립항공군단의 전투일지가 서울에 들어와 있다. 필자의 관심 주제였기 때문에 여러 편의 논문과 『소련군의 한국전 참전』이 단행본으로 나왔으나, 정부 차원에서 한국전쟁사와 한·러 관계사를 바로잡으려는 노력은 아직 부족하다. 60주년을 맞아 소련이 한국전에 직접 참전했었다는 사실을 당시 참전했던 조종사들의 증언을 통해 기록으로 남기는 것을 제안한다. 나아가 그들을 우리나라로 초청하여 한국의 발전상을 보여주면 어떨까 한다. 그들이 한·러 관계의 발전에 어떤 기여를 할 것인지는 지켜볼 일이기 때문에 소련공군의 한국전 참전 60주년 기념을 통하여 새로운 전기를 마련할 수도 있을 것이다. 아울러 2차 대전 말기 북한 지역을 점령했던 소련군의 역할과 북한 정권 수립과 경제적 지원에 관한 러시아 측의 역사를 정확하게 기록하는 것은 한·러 관계는 물론 남북한 관계 정립의 기초가 될 것이다.

새로운 20년을 준비하기 위해서는 지난 20년간 잘한 것은 더욱 잘하도록 격려하고, 잘못한 것은 고치는 일이 필요하다. 무엇보다도 러시아가 한국과 얼마나 가까운가를 인식해야 한다. 한반도와 육지로 국경을 접하고 있는 나라는 지구상에 단 두 나라가 있다. 중국과 러시아가 바로 그들인데 러시아는 두만강 끝부분에서 아주 짧게 만나지만 동해를 통해 연결되어 있기 때문에 한국과 러시아가 얼마나 가까운지에 대한 새로운 시각이 필요하다. 한·러 관계의 변화 과정을 지켜본 사람으로서 양국 관계 발전을 위한 다섯 가지를 제안하고자 한다.

첫째, 러시아 전문가의 양적 증대가 무엇보다도 시급하다. 러시아가 세계 최대의 국토에 석유와 천연가스를 비롯한 방대한 자원의 보고 라고 말하면서 일을 맡아서 할 사람은 태부족한 현실이다. 더구나 어문학 전공자와 비교할 때 지역학 전공자가 너무 적기 때문에 실제 러시아 관련 업무를 담당할 사람을 찾기가 어렵다는 말을 현장으로 부터 듣고 있다. 러시아어가 다른 외국어에 비해 어렵다는 선입견 을 버리고 많은 학생들이 러시아의 중소 도시들에 있는 학교에 가서 2년 정도 집중적으로 러시아어를 배우고 돌아오면 좋을 것이다.

둘째, 양적 증대와 함께 질적 수준을 높여야 한다. 1990년 한·소 수 교 이후 한국의 러시아 유학생이 급증하였고 이제 우리 주변에서는 러시아에서 박사 학위를 따 온 사람들을 많이 보게 되었다. 러시아 의 입장을 이해하는 사람들이 늘었다는 것은 반가운 일이지만, 자기 의 전공 주제에 대해 러시아어로 논문을 발표하고 러시아 학자 및 전문가들과 러시아어로 토론을 할 수 있는 사람은 아직 많지 않다. 더구나 러시아 측 인사들과 공식 혹은 비공식 교류를 계속하며 개인 적인 네트워크를 유지하는 일 등은 시작단계에 있다. 러시아에 관 심이 있는 각 분야의 전문가들이 현지에 체류하면서 연구하고 체험 하면서 인적 네트워크를 만들 수 있도록 한국연구재단을 비롯한 기 관들의 정책적인 지원이 필요한 부분이다.

셋째, 러시아에 관하여 지난 20년간 수집한 지식과 정보를 종합하는 노력이 필요하다. 국내에서는 북핵문제 해결을 위한 6자회담의 전 망에 관한 회의나 한반도 안보와 주변 4강에 관한 회의가 많이 열리 는데 이들 회의에 직접 참석해 보면 한 가지 특징이 나타난다. 단상에 앉아 있는 전문가들의 출신국적을 보면 대부분의 경우 러시아인 학자는 찾아보기 어렵다. 러시아의 입장을 분석하여 설명할 수 있는 한국인 러시아 전문가도 보이지 않으며 단상은 물론이고 청중석에서도 러시아에 관심을 갖는 사람들을 만나기가 쉽지 않다. 수교한지 20년이나 되었음에도 러시아는 아직도 우리한테서 너무도 멀리에 있다. 뿐만 아니라, 러시아 전공자들의 모임도 다른 지역전문가들의 모임에 비해 양적으로도 부족한데다가 다양한 배경과 대립적인 견해를 갖는 전문가들 사이의 비판이나 토론도 매우 부족하다. 이러한 약점을 보충하기 위해서는 러시아에 관한 연구비를 지원하는 한국연구재단 등에서 다양한 견해를 취합할 수 있는 방안을 마련해야 할 것이다. 한·소 관계 발전을 위한 방안을 전국 규모의 전문가들로부터 듣는 것은 외교통상부가 해야 할 일인데, 1990년대 후반에는 그러한 노력들이 있었으며 평소에는 말이 적었던 다수의 러시아 전문가들이 적극적으로 참여했던 것이 지금도 기억에 새롭다.

넷째, 주한 러시아 대사관의 역할이다. 지난 2008년부터 주한 러시아 대사관은 한국의 러시아전문가들을 대사관으로 초청하여 파티를 열기 시작했다. 이처럼 러시아 대사관이 적극적으로 한국 국민들에게 다가온다는 것은 매우 바람직한 현상이다. 미국의 경우를 보면, 1970년대 초반 미국문화원에서는 몇 개의 영어회화 클럽을 지원하였다. 당시 영어를 좀 한다는 대학생들이 모여들었고 그들은 후일 각 분야에서 괄목할 만한 활동을 하는 것을 보았는데 그들 대부분이 친미성향의 엘리트들이 된 배경에는 미국문화원의 장기적인 포석이 있었다. 러시아 대사관의 경우에도 러시아어 회화 동아리 활동을 지원하는 방안을 추진할 필요가 있다. 이미 국내에는 러시아어를 공부하는 학생들이 모이는 동아리들이 있는 바 이들이 정기적으로 모일 수 있는 공간을 제공하고 교재와 시청각 자료를 공급해 주는 일은 장차 한·러 관계를 직간접적으로 담당하게 될 자원들을 미리 확보하는 효과가 있을 것이다.

다섯째, 한·러 간의 교류와 접촉을 제도화하는 것이 시급하다. 무엇보다도 한국 대통령이 매년 최소 한 차례 이상 상호 방문하는 외국 원수의 명단에 러시아 대통령이 포함되어야 한다. 한반도 주변 4강 정상과의 정례적인 만남, 나아가 언젠가는 남북한 정상회담의 정례화는 한반도의 평화와 안정을 도모하는 가장 중요한 수단의 하나이기 때문이다. 우리가 주변 4강을 말할 때 〈미·일·중·러〉 혹은 〈미·중·일·러〉라고 하는데 어느 경우이든 간에 러시아는 항상 4위의 자리를 지키고 있다. 그처럼 한·러 관계가 가장 부족하다는 것을 안다면 그 부족한 부분을 보충하려는 외교적 노력이 필요한 것이다. 미국과 중국, 미국과 러시아, 일본과 중국, 그리고 중국과 러시아는 1998년을 전후하여 모두 전략적 동반자 관계를 돌아가며 수립하였고 각 부문에서의 교류와 접촉은 우리의 상상을 초월한다. 그들의 한 가운데 있는 한국이 러시아와의 관계를 증대하는 것이 다른 세 나라의 국익에 반하지 않는다는 것을 인식한다면 한·러 간의 교류와 접촉은 대폭 늘려야 한다. 학계의 경우에도 필자가 연구이사로 일하던 2003년, 한국슬라브학회는 2년마다 한 번씩 러시아의 지역 대학들을 방문하여 국제학술회의를 열기로 결정하여 그 첫 회의를 상트페테르부르크에서 개최한 바 있는데 각 분야별로 정례적인 학술대회를 상호 초청방문하면서 개최하는 것이 필요하다는 것을 보여준 좋은 사례였다.

이제 새로운 20년이 우리를 기다리고 있다. 러시아 친구들은 러시아를 "자원으로만 보지 말아 달라"는 부탁을 한다. 경제적인 측면 말고도 사회문화적 측면에서 러시아는 우리와 많은 것을 공유할 수 있다는 말이다. 고려인 혹은 고려 사람들이 있는 광대한 연해주는 한국은 물론 북한을 위해서도 훌륭한 식량 공급지가 될 것이다. 시베리아횡단열차를 타고 러시아를 구석구석 여행하는 것도 위험하기는 커녕 꼭 해보라고 권하고 싶다. 스킨헤드족이 무서워서 러시아 어학연수나 유학을 망설이고 있는 사람은 스스로를 돌아보기 바란다. 그리하여 러시아와 친해지려는 노력을 하면 할수록 러시아는 우리에게 더 좋은 친구가 될 것이다. 그것이 한반도 주변 4강 모두를 친구로 사귀어야 하는 우리 한국 국민들에게 주어진 과제이다.

---

* JPI PeaceNet 19호 2010년 8월 3일 국문 발간

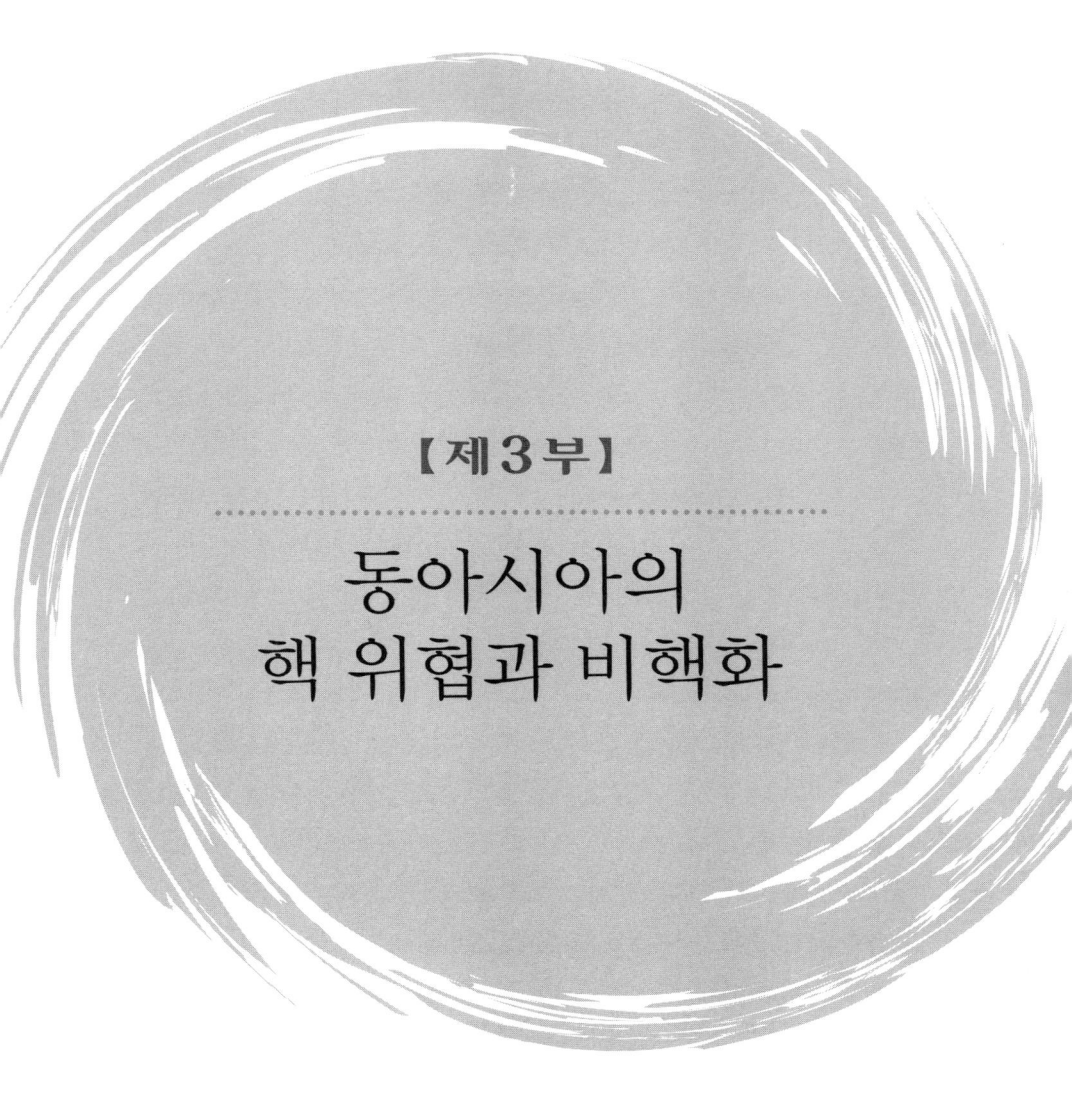

【제3부】

동아시아의
핵 위협과 비핵화

핵 에너지에 대한 열기: 핵 확산의 함의

Sharon SQUASSONI
Center for Strategic and International Studies

지난 수년 동안 에너지안보와 기후변화로 인해 핵 에너지에 대한 관심이 뜨거워졌다. 2005년 이후 27개 이상 국가들이 최초의 핵 발전소 건설을 선언했다. 이들 절반은 개발도상국가이다. 이들 중 요르단, 아랍 에미리트연방 같은 나라들은 최초로 핵 발전소 건설을 고려하고 있고, 터키, 필리핀, 이집트 등 몇 나라는 과거에 핵 프로그램을 폐기한 경험이 있다. 하지만 이들 모든 국가가 핵 발전소 건설을 계획대로 진행한다면 원자로를 가진 국가의 수가 두 배로 늘어날 전망이다.

전 세계 곳곳에 원자로가 설치되고, 핵 에너지에 대한 관심이 다시 뜨거워지면서, '핵 배터리'라고 불리는 소규모 원자로, 핵 선진국의 고속원자로, 새로운 연료 재활용 기술 등을 개발하는 혁신이 가속화될 전망이다. 또한 몇몇 나라에서 우라늄농축을 시도할 수도 있다. 이러한 혁신은 핵 비확산레짐 시대에 심각한 부담을 줄 수도 있다.

30년 전 핵 에너지 확대가 예상되면서 국제사회에서는 확산방지 친화적인 연료 사이클을 만들기 위한 기술적·제도적인 접근방법을 모색했었다. 그러나 우라늄 가격이 떨어지면서 핵 에너지에 대한 관심도 줄어들었고, 더불어 핵 에너지 확대로 인한 핵 확산 위험을 감소시켜야 한다는 절박함도 줄어들었다. 하지만 우라늄농축장치를 이란, 북한, 리비아 등에 팔면서 테러리스트들에게 핵 물질과 시설에 접근할 수 있는 기회를 제공하는 AQ Khan의 핵 암시장조직이 현존한다는 사실을 고려할 때 핵 연료 사이클 관리 노력이 매우 시급하다.

▌핵 에너지: 얼마나 성장할 것인가?

타이완과 그 외 30개국에서 핵 발전소 원자로를(총 371기가와트 일렉트릭(Gigawatts electric 또는 GWe) 용량으로) 가동시키고 있다. 전 세계적으로 핵 에너지가 전체 전력수요의 약 15%를 충당하고 있다. 또 전 세계 핵 발전소 원자로 용량의 반 이상을 미국(25%), 프랑스, 일본에서 차지하고 있다. 아르헨티나, 브라질, 중국, 인도, 파키스탄, 남아프리카공화국, 대만 등 개발도상국 7개국이 핵 발전소를 가지고 있으며, 지금까지 발견된 우라늄광석의 약 80%가 호주, 캐나다, 카자흐스탄에 집중되어 있다. 11개국에서 (우라늄을 원자로 연료로 사용할 수 있도록 농축하는) 우라늄농축기술을 보유하고 있으며, 러시아,

프랑스, 미국, 그리고 유렌코(URENCO)사가 위치한 영국, 네덜란드, 독일에서 이 기술을 주로 사용하고 있다. 또 6개국이 사용한 핵 연료를 재처리할 수 있다. 그러나 핵 폐기물을 영구히 처리하는 지하 폐기물처분장을 가지고 있는 국가는 현재 전무하다.

국제에너지기구에 따르면 충분한 정책적 지지가 없어도 핵 에너지 용량이 2030년까지 매년 1% 이하로(415GWe까지) 증가할 수 있다. 그러나 전력수요가 전체적으로 빠르게 증가하기 때문에 핵 에너지 시장의 전력공급비중이 10%로 낮아질 전망이다.[1] 미국 에너지정보관리국의 예상처럼 노후한 원자로의 폐기가 늦춰진다면, 2030년까지 핵 에너지 용량이 482GWe까지 서서히 늘어날 것이다. 그러므로 핵 에너지는 안정된 시장 점유율을 유지하게 될 것이다. 그러나 이 완만한 성장 시나리오에는 새로운 핵 국가의 원자로가 포함되지 않았다.

처음으로 핵 발전소에 관심을 갖기 시작한 나라들이 최상의 계획을 실행한다면, 2030년까지 핵 에너지 용량이 두 배로 증가할 것이다. 더욱이 세계 기후변화가 핵 확대를 가속화시킨다면 핵 에너지 용량은 (현 용량의 거의 세 배인) 1테라와트에 이를 수도 있다. 〈그림 1 (음영 표시된 부분)〉은 핵에 처음으로 관심을 갖기 시작한 나라들이 얼마나 계획을 진행시켜왔는지 보여주고 있다.

이 국가들 전체 혹은 다수가 핵 발전소 건설의 원래 일정을 따르지 못할 것으로 예상된다. 미국 국무부에 따르면 12개국이 '향후 10년 동안 핵 에너지를 심각하게 고려'하고 있다.[2] 이 중 아제르바이잔,

<그림 1> 예상되는 "새로운 핵" 국가들(2009)

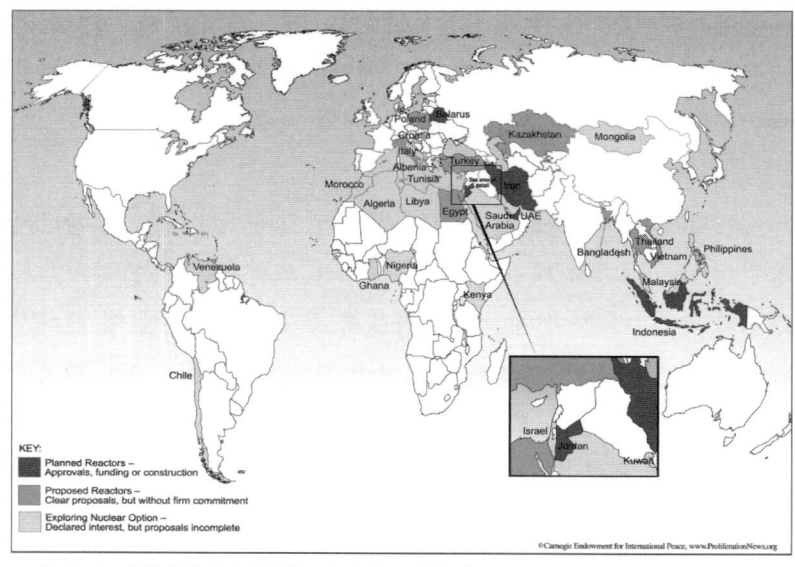

• 이 지도는 카네기국제평화연구소의 허락을 받아 게재하였음
• 저작권 문의는 카네기국제평화연구소(NGerami@carnegieendowment.org)로 할 것

벨로루시, 이집트, 인도네시아, 카자흐스탄, 터키, 베트남을 포함한 몇몇 국가들은 핵 발전소 없이 핵 원자로를 건설할 계획이다. 국제원자력기구에 따르면 터키의 진행속도가 가장 빠르다. 미국 국무부에 따르면 보다 장기적인 계획을 세운 19개국에 알제리, 칠레, 그루지야, 가나, 요르단, 리비아, 말레이시아, 모로코, 나미비아, 나이지리아, 바레인, 쿠웨이트, 오만, 사우디아라비아, 카타르, 아랍 에미리트연합, 시리아, 베네수엘라, 예멘 등이 포함된다.[3]

국제원자력기구에서는 핵 발전소가 개발에서 폐쇄까지 100년간 책임을 져야 한다고 강조하면서, 핵 에너지 기반시설 건설을 검토하고

지원하는 데 필요한 지침을 제공하고 있다.[4] 대부분의 개발도상국은 원자로를 수입해야 하고, 그 작동을 위해 인력도 수입해야 할 것이다. 국제원자력기구는 2020년까지 8개국에서, 2030년까지 아마도 15개국 이상에서 핵 발전소 건설을 착수할 것으로 내다보고 있다.[5] 이러한 개발도상국에서는 전력망의 용량 때문에 (300MWe에서 700 MWe까지의) 중소형 원자로가 보다 효과적이라는 의견이 주를 이루고 있지만, 실제로 그러한 국가들이 자국의 계획일정에 맞춰 소형 원자로를 구입할 가능성은 매우 낮아 보인다. 한편 인도와 중국에서는 (150MWe에서 500MWe까지의) 소형 원자로를 건설해왔고, 앞으로 소형 원자로 수출도 할 수 있을 것이다. 그러나 현재로서는 대부분의 국가들이 시장에 널리 유통되고 있는 (1,000MWe에서 1,600MWe 사이의) 원자로를 선택할 것으로 보인다.

과연 이 모든 국가들이 원자력발전소를 세울 준비가 되어 있을까? 많은 국가들에게 중요한 도전과제 중 하나가 오랜 기간에 걸쳐 만들어진 국제 표준과 협약을 준수하는 것이다. 〈표 1〉에서는 핵 발전소에 대한 관심과 핵 안전, 안보, 핵무기 비확산에 대한 원칙 준수를 선언했던 국가들의 현 위치를 보여주고 있다.

국제협약에 서명하는 일이 핵 발전소를 준비하는 데 있어서 매우 중요한 단계임은 분명하지만, 약속의 준수를 증명할 구체적인 증거확보가 힘들 수 있다. 예를 들면 판매자, 규제단체, 국제기구가 핵 안전문화의 성숙을 어떻게 평가할 것인가? 국가가 상호보완적인 안전문화와 안보문화를 어떻게 발전시켜 나갈 것인가? 규제기관의 독립성을 어떻게 보장할 것인가? 이처럼 중요한 의무사항들을 명확히

〈표 1〉 핵 에너지에 관심 있는 국가들―핵 안전조치, 안보, 그 외 협약 등에 대한 입장
(2009년 10월)

국가	GWe	목표일	안전조치 CSA AP		안전 CNS	안보 CPPNM	폐기물 **	책임의무 (비엔나협약 또는 CSC)
터키	3-4?	2014	Y	Y	Y	Y	N	N
방글라데시	2	2015	Y	Y	Y	Y	N	N
요르단	.5	2015	SQP	Y	N	N	N	N
이집트	1	2015	Y	N	Y	N	N	비엔나협약
모로코	?	2016	Y	N*	N	Y	Y	비엔나협약*
아제르바이잔	1		Y	Y	N	Y	N	N
벨로루시	4	2016	Y	N*	Y	Y	Y	비엔나협약
인도네시아	6	2016	Y	Y	Y	Y	N	CSC*
이란	6	2016	Y	N*	N	N	N	N
아랍 에미리트연방	3	2017	SQP	N*	N	Y	N	N
베트남	8	2020	Y	N*	N	N	N	N
태국	4	2020	Y	N*	N	N	N	N
이스라엘	1		N	N	N	N	N	비엔나협약*
사우디아라비아	?		SQP	N	N	N	N	N
오만	?		SQP	N	N	Y	N	N
카타르	?		새로운 SQP	N	N	Y	N	N
바레인	?		SQP	N	N	N	N	N
쿠웨이트	?		SQP	Y	Y	Y	N	N
카자흐스탄	.6	2025	Y	Y	N	Y	N	N
나이지리아	4	2025	Y	Y	Y	Y	Y	비엔나협약
알제리	5?	2027	Y	N*	Y	Y	N	N
가나	1	2030	Y	Y	N	Y	N	N
튀니지	.5	2030	Y	N*	Y	Y	N	N
예멘	?	2030	SQP	N	N	Y	N	N
필리핀		2050	Y	N	N	Y	N	비엔나협약, CSC*
리비아	1	2050	Y	Y	N	Y	N	N
베네수엘라	4?	2050	N	N	N	N	N	N
말레이시아		2050	Y	N*	N	N	N	N

하는 데 수년 이상 소요될 것으로 예상된다.

▌핵 안전, 안보, 확산에 미치는 영향

핵 에너지에 대한 세계의 관심이 다시 뜨거워지면서 그 영향이 원자로 수 증가에 그치지 않고 있다. 핵 발전소 원자로를 가동시키는 국가의 수가 두 배로 늘어나면, 특히 그러한 국가들이 개발도상국일 경우에는 핵 안전, 안보, 확산과 관련한 위험요소들이 발생할 가능성이 있다. 특히 원자로 용량이 두 배로 늘면 우라늄 농축이 더욱더 필요해진다. 선진국들은 사용한 연료의 재처리를 필요로 하는 고속원자로와 같은 차세대 원자로 개발을 서두르고 있다. '새로운' 핵 국가들도 선택의 여지를 남겨두려 할 것이다. 그러므로 핵 확대를 향한 열기가 핵 안전, 안보, 확산과 관련한 위험요소를 최소화시키는 연료 사이클을 만들려는 노력을 앞지를 수도 있다.

한편 핵 사고의 위험을 줄이기 위해 새로운 핵 발전소를 건설할 때, 특히 (중국이나 인도처럼) 빠르게 건설을 하는 경우 상당한 주의를 요한다. 원자로 핵심부 손상 사고의 연 발생빈도를 줄여야 한다. 원자로 판매자, 공급자, 규제기구는 수입국가가 핵 안전협약에 서명하도록 압력을 가하는 데 그치지 말고 핵 안전 문화를 조성하는 데도 특별한 노력을 기울여야 할 것이다.

핵 확대의 위험을 완화하여 핵 안보를 확보하기 위해서, 판매자와 수입국은 수입국 내의 테러 위협을 주시하면서 연료 사이클에서 고

농축우라늄과 재처리 플루토늄을 배제할 것을 고려해야 한다. 즉, 새로운 원자로 대부분이 저농축우라늄 연료를 사용하는 경수감속로가 될 수 있도록 연료 사이클을 융통성 있게 구상해야 한다. 또한 연료임대계약, 농축 및 재처리 방지 협정, 또는 영구적(cradle-to-grave) 핵 연료 공급 등에 대해서도 고려해야 한다.

핵 확산 위험을 감소시키는 데 기여하는 이러한 노력들 외에도, 무기급 물질에 대해 국가적 관심이 발생하지 않도록 만드는 추가조치들이 필요하다. 공급국은 핵 공급의 새로운 출발점이 될 수 있는 (소위 추가의정서라 부르는) 안전조치 의정서를 강화하는 한편, 민감한 연료 사이클 시설의 다각화를 심각하게 고민해야 한다. 새로운 농축 또는 처리 시설의 소유와 운영을 다각화하라고 요구하는 것만으로는 충분하지 않다. 기존의 모든 시설과 앞으로 만들어질 모든 시설에 대해 차별 없이 이러한 요구를 해야 한다. 또 핵 분열 물질 감축조약과 같은 차세대 조약을 준비하며 법적 구속력을 갖도록 만드는 것이 효과적일 것이다. 어떤 국가도 핵무기를 만들 수 있는 핵 분열 물질을 생산하지 않는다면 국가적 시설이 존재할 필요가 있을까? 마지막으로 핵 전력은 고위급 외교가 필요하고 선진산업수준에 부합하는 특별한 노력이라기보다는 단지 물을 끓이는 또 하나의 수단이라는 점이 부각되어야 한다. 핵 에너지와 결부된 특권 이미지를 떼어내야, 잠재적 군사력을 증강하기 위해 핵 에너지를 추구하는 국가들이 사라지게 될 것이다. 또한 선진국들은 개발도상국들이 전력 생산 부문뿐만 아니라 사회 전반에서 탄소 배출을 감소하는 방법을 선택할 수 있도록 보다 적극적으로 도와야 한다.

| 주 | ···

1) International Energy Agency, *World Energy Outlook 2008* (Paris: OECD), p.92.

2) U.S. State Department International Security Advisory Board, "Proliferation Implications of Global Expansion of Civilian Nuclear Power," April 2008, available at www.state.gov/documents/organization/105587.pdf

3) The State Department report also included Australia in this category, but the list was prepared in 2007, before Australian elections put a Labor government in power that currently has no plans for nuclear power.

4) See IAEA, Milestones in the Development of a National Infrastructure for Nuclear Power, available at http://www-pub.iaea.org/MTCD/publications/PDF/Pub1305_web.pdf

5) Akira Omoto, Direction, Division of Nuclear Power, IAEA, briefing on "IAEA support to infrastructure building in countries considering introduction of nuclear power," 2008.

* JPI PeaceNet 7호 2010년 3월 22일 영문 발간
* 원제는 "Nuclear Energy Enthusiasm: The Proliferation Implications"

2010 NPT 리뷰 컨퍼런스:
미국을 위한 도전과 기회

Jeffrey LEWIS
The Nuclear Strategy and Nonproliferation Initiative
The New America Foundation

버락 오바마 대통령은 미국안보정책에서의 핵무기 역할의 근본적 변화를 포함하는, 즉, 궁극적으로 핵무기를 제거하는 목표달성에 대한 사명감을 표명하는 외교정책 의제를 주창해왔다. 2009년 4월 취임 후 몇 달 지나지 않아 체코 프라하에서 오바마 대통령은 십만여 관중 앞에 서서 '냉전시대 사고를 종식'시키고 나아가 '핵무기 없는 세계의 평화와 안보를 추구'하겠다는 선언을 했다.

같은 해 12월 오바마 대통령이 노벨상 수상자로 선정되자 본인을 포함한 많은 사람들이 시기상조라는 평가를 내렸다. 하지만 프라하 선언 후 1년이 지나자 핵무기정책에 변화를 가져오려는 오바마 대통령의 노력의 초기 결과가 서서히 나타나기 시작하고 있다.

앞으로 한 달 동안 미국 정부는 여러 가지 성과물들을 가지고 프라하 선언 1주년을 기념할 예정이다. 즉, 미국과 러시아가 핵무기체제를 추가 감축하는 '신 전략무기감축조약(New START Treaty)'에 서명했고, '핵 태세 검토보고서(Nuclear Posture Review)'를 발간했으며, 핵물질의 안전보장을 위한 세계정상회의를 개최했다. 이러한 일련의 행사들은 '핵 확산 금지 조약(Nuclear Nonproliferation Treaty)' 참가국들의 '평가회의(Review Conference)'를 대단원으로 하여 마무리될 것이다.

이번 4월은 마침 5년마다 열리는 평가회의 기간이 우연히 맞아떨어져 더욱 특별한 한 달이 되었다. 미국에서 핵무기 문제가 1면 기사로 다루어진 적이 거의 없다. 그러나 오바마 정부가 프라하 연설 1주년을 준비하는 지금 핵무기 문제는 계속해서 헤드라인 기사로 다루어지고 있다.

사실 화려한 프라하 연설에 비해 실제 합의된 내용들은 빈약하기만 하다. 신 전략무기감축조약은 이전의 '전략무기감축조약(START Treaty)'에서 제시한 투명성을 확보하기 위한 작은 노력일 뿐이고, 실제 미국과 러시아가 추가로 감축하는 핵무기는 많지 않다. 핵 태세 검토보고서는 본질적으로 현상유지 문서로서 부시 행정부의 선제공격에 대한 수사적 강조를 삭제하고 지난 수십 년간의 미국의 핵무기 정책의 계속성을 회복시키는 것이다. 한편 (우크라이나가 저농축 우라늄 원자로 이용에 동의하는 등) 핵 안보정상회의가 미국의 새 행정부에 몇 가지 '집들이 선물'을 선사했다 하더라도 대개의 경우에서 정상회의의 영향력은 오래 지속되지 못했었다.

그러나 그런 세부사항들이 특별히 중요한 것은 아니다. 오바마 대통령은 '냉전사고의 종식'이라는 기치를 드높이며 미국의 정책전문가들이 핵무기 문제에 대해 과거와 다른 관점에서 바라보도록 촉구하고 있다. 그동안 미국에서는 핵무기 자체는 좋지도 나쁘지도 않다는 생각이 지배적이었다. 즉, 중요한 것은 누가 핵무기를 소유하고 어떻게 핵무기를 사용하느냐의 문제였다. 즉, 우리의 핵은 선하고 그들의 핵은 악하다는 관점이 지배적이었다.

그러나 핵무기에 관한 또 다른 관점도 존재해왔다. 즉, 핵무기는 거대한 파괴력을 가진 공동의 위협으로 심지어 적대국과도 협력해야 할 문제라는 것이다. 이러한 관점에서는 적어도 의도적 공격의 억지만큼 핵 확산과 핵 테러 문제도 중요하게 다루어진다. 오바마 대통령의 관점도 이와 같다.

그동안 어떤 협정이나 협약에서도 핵무기를 공동의 위험으로 바라보는 관점을 완전히 반영하고 있지 않았다. 역사적인 문서의 내용들을 살펴보면 이러한 관점이 종종 부분적으로 반영되고 있지만, 우리가 그 중요성을 아무리 평가한다 해도 과거의 회상에 지나지 않는다. 전략무기감축조약이나 핵 태세 검토보고서 역시 과거의 틀에서 크게 벗어나진 못했지만 적어도 전환점을 제시하고 있다. 그러나 실제적 변화가 일어나기 전까지는 그것이 전환점이었다는 사실을 인식하기가 쉽지 않다. 지금으로부터 십여 년 전과 비교해볼 때, 오바마 정부는 지난 한 달 동안 핵무기 문제를 논의하면서 그 어느 때보다 급진적인 변화를 보여주었으며 이제 과거로의 회귀는 없다고 나는 평가하고 싶다.

미국의 양극화된 정치제도의 본질을 고려할 때 이는 결코 작은 성과가 아니다. 다수의 설문조사 결과를 보면 미국인들이 핵무기 비중과 수를 감소시키는 데 적극적인 지지를 하고 있긴 하지만 현실은 이보다 복잡하다. 사람들에게 핵무기 수를 감소시키는 데 동의하냐고 묻는다면, 이에 대하여 초당적이고 압도적 지지를 보인다. 분명 이것이 전형적인 미국인의 모습이다.

그러나 이들의 지원의 폭은 넓어도 깊이는 얕다. '그린버그 퀸란 로스너 리서치(Greenberg Quinlan Rosner)'에서 '열린사회 연구소(The Open Society Institute)'와 '포드 재단(Ford Foundation)'의 위탁을 받아 실시한 설문조사 결과를 살펴보면, 미국인들은 핵무기에 대한 지식이 많지 않으며 핵 위협을 우선순위로 고려하고 있지 않다는 사실을 알 수 있다. 무엇보다 핵 문제가 특정 당이나 정치인과 연관될 경우에는 민주당과 공화당으로 양분되면서 국민적 합의가 무너지곤 한다.

오바마 정부는 미국 핵무기 정책을 근본적으로 변화시키기 위해 양극화된 논쟁을 허용하지 않으려 한다. 이는 매우 어려운 과제지만 반드시 해내야 할 과제이기도 하다. 미국 상원에서 신 전략무기감축조약을 승인 받기 위해서는 압도적 다수인 67명의 상원의원의 동의가 필요하다. 즉, 적어도 8명의 공화당 의원의 동의를 받아내야만 한다. 이를 위해서는 소수당 상원대표의 지지가 반드시 필요하다. 상원에서 승인된 무기통제조약들이 모두 압도적인 표차를 보인 이유가 여기에 있다. 1988년 '중거리 핵 전력 협정(Intermediate-Range Nuclear Forces Treaty: INF)' 투표는 93대 5, 1992년 전략무기감축조약은 93대 6, 2002년 '모스크바 협정(Moscow Treaties)'은 95대 0으로 통과되었다.

그러므로 오바마 정부는 핵 태세 검토보고서와 신 전략무기감축조약의 범위를 제한하고, 미사일 방어에 대한 지지를 유지하며, 핵무기 시설에 대한 지출을 증가시키면서 핵무기 문제에 대한 논쟁의 열기가 더 이상 뜨거워지지 않도록 조심하고 있다. 앞으로 이러한 전략이 성공할지 못할지는 알 수 없지만, 현재 신 전략무기감축조약의 승인에 대한 전망은 매우 밝아 보인다.

이 특별한 4월은 핵 확산 금지 조약 참가국들이 참여하는 2010년 평가회의의 개막을 알리며 물러날 것이다. 이 회의는 5년에 한 번 개최되는데 우연히도 지금의 중요한 시기와 맞아 떨어졌다. 그러나 평가회의 개막이 미국이 미루어왔던 핵 태세 검토보고서를 완성하고 러시아와 신 전략무기감축조약을 맺도록 압력을 행사한 측면이 있다.

프라하 선언 후 오바마 정부는 핵 확산 방지 문제에서 미국의 지도력을 회복시키기 위해 많은 노력을 해왔다. 미국은 신념을 가지고 군축의 의무를 수행하는 노력을 기울여 왔다는 점을 설명해왔다. 그리고 다른 국가들에게 더 많은 것을 요구해왔다. 그러나 프라하 의제를 '실천'하는 데 미국 정치제도가 걸림돌이 될 수도 있다. 미국 일리노이 주 카이로시와 이집트 카이로시에서 인기 있는 견해들 사이에 과연 얼마나 공통분모가 있는지 지켜봐야 할 것이다. '평가회의' 결과는 이러한 노력의 성공여부를 판가름 짓는 초기 척도로서 매우 중요하다.

지금까지 오바마 대통령은 성공적으로 세계무대에서 정책의 방향을 전환했다. 오바마 대통령은 군축·비확산에 관한 유엔 안전보장이사회의 특별회의 의장 역할을 수행하기 위해 뉴욕에 갔고 프라하 의제를 인정하는 '유엔 안정보장이사회 결의(UNSC 1887)'를 받아왔다.

그러나 평가회의를 성공적으로 이끄는 일은 결코 쉽지 않다. 공동합의를 이끌어내기 위한 평가회의가 종종 독설과 비난 속에 막을 내리곤 했었다. 2005년의 경우에도 미국과 이란이 서로를 비난하면서 아무 성과 없이 끝나고 말았다. 그러므로 미국과 이란의 관계를 재정립하는 일은 매우 중요한 과제이다. 미국은 핵 확산 금지 조약 회원국에게 핵무기를 사용하지 않겠다는 무조건적인 서약을 먼저 제안하면서도, 회원국들이 그 혜택을 누리기 위해서는 반드시 의무를 지키도록 요구하는 오랜 정책을 다시 한 번 강조하였다. 같은 맥락에서 미국의 고위 관리들도 탈퇴를 선언한 북한과 이란을 분명히 배제하고 있다. 이란이 장애물이 된다는 사실이 분명해진다면, 이란이 '평가회의'를 망치려 하고 성공적인 결과보다는 비난을 전가하는 데 초점을 맞추고 있다는 확실한 결론에 도달하기 전까지 미국이 얼마나 인내심을 보여줄 수 있을지 아직은 미지수다.

이외에도 긴장을 유발시킬 수 있는 요소들이 많다. 이집트, 인도네시아 등 2010년 평가회의의 잠재적 방해자들이 존재한다. 오바마 정부는 두 나라의 협력을 구하기 위해 많은 노력을 기울여 왔지만 회의가 끝날 때까지 그 성공여부를 확신할 수 없다. 심지어 현재 미국은 캐나다와 우스꽝스러운 말다툼을 벌이고 있다. 캐나다가 핵확산 금지 조약 사무국을 유치하려 하기 때문이다. 그러므로 평가회의가 원래 계획한 궤도를 이탈할 가능성이 곳곳에 산재해 있다.

신 전략무기감축조약과 핵 태세 검토보고서의 경우처럼 성공을 인정받기 위해 국가 간 문서합의가 반드시 필요한 것은 아니다. 결국 그러한 문서들은 의견이 일치하는 부분이 존재한다는 사실을 보여줄 뿐이고, 의견이 차이 나는 부분은 교묘한 언어표현으로 감추려 한다. 오바마 정부의 보다 근본적인 목표는 우리가 핵무기에 대해 생각하고 말하는 방식을 지속적으로 변화시키는 것이다. 우리가 생각과 말 속에서 핵무기의 존재로 인한 공동위험과 핵무기 제거로 인한 공동이익을 고려하는 것이다. 아마도 수년을 기다려야 그 성공 여부를 판가름할 수 있을 것이다.

* JPI PeaceNet 9호 2010년 4월 20일 영문 발간
* 원제는 "The NPT Review Conference 2010: Challenges and Opportunities for the U.S."

"핵무기 없는 세상"과 핵우산

한인택
제주평화연구원

불과 1년 전까지만 하더라도 구호에 머물렀던 오바마 대통령의 "핵무기 없는 세상" 구상이 미국의 핵 정책으로 실현되고 있다. 4월 한 달 동안 오바마 행정부는 향후 5~10년간 미국 핵 전략의 기초가 되는 핵 태세 검토보고서(NPR: Nuclear Posture Review)를 발표하고, 미-러시아 간 새로운 전략무기감축협정에 서명하는 데에 이어서 핵 안보정상회의도 개최하는 등 "핵무기 없는 세상"을 만드는 노력을 숨가쁘게 전개하였다. 한국은 미국에 이어 내년에 제2차 핵 안보정상회의를 개최하게 되어서 "핵무기 없는 세상"의 비전을 실현하는 데 있어서 미국의 중요한 동반자가 되었다.

앞으로 다가올지 모르는 "핵무기 없는 세상"에서 미국의 對韓 핵우산의 미래는 어떻게 될 것인가?

제3부 동아시아의 핵 위협과 비핵화 **153**

지난 수십 년간 미국 핵우산의 혜택을 받아온 동맹국으로서 우리는 미국의 새로운 핵 정책을 세심하게 모니터하고, 우리에게 주는 함의를—특히 핵우산에 대한 함의를—정확하게 이해할 필요가 있다.

오바마 행정부의 새로운 핵 정책에는 전 세계적인 핵 감축을 실현하려는 이상주의와 냉전의 종식 이후의 새로운 안보위협에 대해 보다 효과적으로 대응하는 실용주의가 공존하고 있다. 2010년 핵 태세 검토보고서에 따르면 미국의 핵 정책은 과거 냉전적 사고에 입각한 전략으로부터 "근본적 전환(fundamental shift)"을 하여 미국 방위전략에서 핵무기의 역할을 줄이고, 핵 정책의 주안점을 국가 간의 핵 전쟁의 방지에서 핵 확산과 핵 테러의 방지로 전환하였다. 이러한 핵 정책 기조의 전환은 바로 이상주의와 실용주의가 결합된 결과이다.

문제는 한반도에 있어서는 아직 냉전이 끝나지 않고 있고, 남북 간 전쟁의 가능성이 상존하고 있다는 점이다. 다행히도 미국의 새로운 탈냉전적 핵 정책이 아직 냉전적 상황이 끝나지 않은 한국에 대한 미국의 확장억지(extended deterrence) 제공이나 안보 공약에는 영향을 주지 않을 것이라고 하는 것이 핵 태세 검토보고서의 발표를 앞두고 오바마 대통령이 이명박 대통령에게 한 전화통화의 핵심이다. 이러한 내용은 클린턴 국무장관에 의해서도 재차 확인되었다.

억지란 상대방이 공격할 경우 강력하게 보복할 것을 위협함으로써 상대방으로 하여금 애초에 공격을 안 하게 만드는 전략이다. 억지, 특히 확장억지가 성공하기 위해서 무엇보다도 공격 시 반드시 톡톡한 대가를 치르게 하는 보복이 따를 것이라는 위협이 신뢰성

(credibility)을 갖추어야 하고, 보복에 필요한 군사적 능력(capability)도 실제로 따라야 한다. 오바마 대통령과 클린턴 국무장관에 의한 확장억지 제공과 안보 공약의 재확인은 바로 북한의 공격 시 미국의 보복의지에 대한 신뢰성을 높여 북한이 오판을 하지 않게 하는 데 기여하여 새 핵 태세 검토보고서를 둘러싼 한국 내의 우려가 상당히 불식되었다.

그런데 미국의 확장억지가 성공하기 위해서는 궁극적으로 북한의 입장에서 미국의 확장억지가 유효한 것으로 인식되어야 한다. 그러기 위해서는 미국 정치지도자의 공약만이 아니라 그러한 공약을 뒷받침할 수 있는 실제적 능력이 충족되어야 한다. 핵 태세 검토보고서가 중요한 이유는 이 보고서가 바로 미국이 억지에 필요한 군사적 준비를 갖추고 있는지 가늠할 수 있는 중요한 단서이기 때문이다.

핵 태세 검토보고서는 뉘앙스가 많은(carefully-nuanced) 상징적인 문서이기도 하면서, 군사기술과 전략에 관한 지식을 요하는 전문적인 (technical) 문서이기도 하다. 만약 한국과 미국의 역할과 입장의 차이, 그리고 한국어와 영어의 언어적 차이를 염두에 두지 않고 핵 태세 검토보고서를 분석할 경우 자칫 정확하지 못한 결론에 도달할 수 있다. 따라서 미국의 새로운 핵 정책을 보다 정확히 파악하는 데 도움이 되고자 이 글에서는 한·미 간에 해석의 차이가 발생할 소지가 있는 개념과 용어에 대해 알아보고자 한다.

▌선제공격 vs. 선제사용

일각에서는 새로운 핵 태세 검토보고서에서 미국이 NPT 회원국으로 비확산의무를 준수하는 비핵국가에 대해서는 핵 선제공격을 포기하는 한편, 북한이나 이란처럼 NPT 회원국이 아니거나 NPT 회원국이면서 핵 비확산 의무를 준수하고 있지 않는 국가들에 대해서는 핵 선제공격 정책을 유지하는 것으로 보고 있다. 이는 정확하지 않은 해석이다. 오바마 행정부가 새로운 핵 태세 검토보고서에서 밝힌 내용은 NPT 회원국으로 비확산 의무를 준수하는 비핵국가에 한해서 핵 선제사용(nuclear first use)을 포기한다는 것이다. 그렇지만 그러한 국가가 미국이나 동맹국에 대해 공격을 하려고 한다면 미국은 미국이 핵무기를 사용하지 않는 한 그 나라에 대해 선제공격(preemption)을 할 수 있으며, 미국이 핵무기를 사용하지 않는 한 그 나라에 대한 예방공격(prevention) 또한 이론적으로 불가능하여 보이지 않는다. 오바마 행정부는 부시 행정부의 선제공격전략을 아직 공식적으로 포기하지 않았기 때문이다.

북한을 예로 들어 설명하자면 미국의 새로운 핵 정책 아래서 미국은 현재 북한에 대해 핵 선제사용 및 핵 선제공격이 모두 가능하다. (그리고 개연성은 떨어지겠지만 핵 예방공격도 배제된 것이 아니다.) 만약 미래에 북한이 NPT에 재가입하고 비확산의무를 준수한다면 그런 경우에 미국은 북한에 대해 핵 선제사용은 포기하겠지만, 미국이 핵무기를 사용하지 않는 범위 내에서 북한에 대한 선제공격이나 예방공격은 계속 가능하다. 미국의 새로운 핵 정책이 확장억지의 유효성을 악화시킬 것이라는 우려가 한국 내에서 별로 존재하지 않는 중요한 이유 중의 하나가 바로 오바마 행정부도 부시 행정부와 마찬가지로 북한에 대한 핵 선제사용 정책과 핵 선제공격의 옵션을 유지하기 때문일 것이다.

▌확장억지 vs. 핵우산

핵무기는 일반적으로 사정거리, 파괴력, 그리고 용도에 따라서 전략 핵무기와 전술 핵무기로 나눌 수 있다. 예컨대 핵 탄두 ICBM은 전략 핵무기이고, 단거리 핵 미사일은 전술 핵무기로 분류하는 것이 관례이다. 동맹국에 대한 미국의 확장억지의 제공에 있어서 전통적으로 미국의 핵무기가―특히 전술 핵무기가―중요한 역할을 해왔다. 그런데 미국은 90년대 이후 전술 핵무기를 대폭 감축하여 현재 남아 있는 미국의 전술 핵무기는 유럽에 배치되어 있는 소수의 전술 핵무기와 미국 본토에 보관되어 있는 전술 핵무기가 전부이다.

2010 핵 태세 검토보고서에 의하면 오바마 행정부는 전술 핵무기의 감축을 계속하여, 전폭기와 중폭격기에 전술 핵무기를 전진배치할 능력은 계속 보유하지만, 특히 아시아에서 확장억지를 제공하는 데 핵심적인 역할을 하여온 토마호크 미사일은 퇴역시킬 계획이다. 대신 토마호크 미사일의 퇴역에서 발생하는 전력의 공백은 전략 핵 폭격기, 핵 탄두 ICBM, 핵 탄두 SLBM, 그리고 최첨단 재래식 무기로써 메울 것이라고 발표하였다.

북한의 공격을 억지하기 위하여 핵 탄두 ICBM이나 SLBM 같은 전략 핵무기를 사용하는 것은 불필요하게 보인다. 지리적으로 협소하고 인구가 집중되어 있는 남북한의 경우에는 단거리 핵 미사일이 미국과 러시아 사이의 핵 탄두 ICBM이나 SLBM에 못지않은 인적, 물적 피해를 입힐 수 있기 때문이다. 보다 중요하게는 북한에 대해 전략 핵무기를 사용하는 것은 불가능할 수 있다. 예컨대 북한 내에서 핵 탄두 ICBM의 폭발 시 그 충격과 낙진으로부터 한국과 중국이 피해를 입을 수 있을 뿐만 아니라, 북한을 목표로 한 ICBM 발사를 중국이나 러시아가 자국에 대한 공격으로 오인하고 미국에 대해 ICBM으로 반격할 가능성이 있기 때문이다. 이러한 위험성은 핵무기를 대체하기 위해서 오바마 행정부가 개발하고자 하는 재래식 전 세계 신속 타격(PGS: Prompt Global Strike) 무기에도 공히 적용된다. 따라서 미국과 러시아에게는 ICBM, SLBM이 전략 핵무기이고 억지에 필요하겠지만, 남북한의 경우에는 아직도 전술적인 핵무기가 실질적으로 전략적인 핵무기이고 억지에 핵심적인 역할을 한다고 할 수 있다.

전술 핵무기의 감축을 계속하고 토마호크 미사일을 퇴역시키는 오바마 행정부의 결정 때문에 향후 미국의 對韓 확장억지는 그 성격의 변화가 불가피해 보인다. 그동안 '확장억지'와 '핵우산'은 통상적으로 동의어처럼 사용되었지만, 앞으로는 '확장억지'와 '핵우산'을 반드시 동의적으로 볼 수는 없다. 만약 이 글의 주장처럼 확장억지를 제공하기 위해 전략 핵무기를 사용하는 것이 불필요하거나 불가능하다면 확장억지는 결국 재래식 무기, 특히 첨단 재래식 무기에 의존하게 될 가능성이 크다. 그럴 경우 확장억지는 더 이상 '핵'우산이 아니고 '재래식'우산이기 때문이다. 물론 재래식 무기를 통하여 어떻게 확장억지를 효과적으로 그리고 안전하게 제공할 수 있을

지는 앞으로 연구가 필요한 문제이다.

▌안보외교 강화의 필요성

오바마 행정부의 새로운 핵 정책에는 "핵무기 없는 세상"을 실현하기 위한 이상주의와 냉전의 종식 이후 변화한 안보상황에 대해 보다 효과적으로 대응하는 실용주의가 공존하고 있다. 전 세계적 핵 감축 노력의 동반자로서, 그리고 미국의 동맹국으로서 우리는 오바마 행정부의 핵 정책에 담겨 있는 이상주의와 실용주의를 잘 이해하고, 미국 핵 정책의 변화와 연속성도 정확하게 파악하고 대응할 수 있어야 할 것이다.

우선 우리나라는 미국의 핵 정책이 변화함에 따라 한국에 대한 미국의 확장억지도 그 성격이 변화하는 것이 불가피하다는 점을 인식하고 효과적으로 대처하는 것이 필요하다.

궁극적으로 우리도 한국의 안보를 위해서 필요한 것이 있으면 적극적으로 미국에게 우리의 필요를 설명하고 설득시키는 노력도 아끼지 말아야 한다. 앞에서 언급한 토마호크 미사일의 경우 지난번 일본 자민당 정부는 토마호크 미사일의 필요성을 인식하고 미 의회를 적극적으로 로비하여 미 의회가 만든 초당파적 미국 전략태세 위원회(Congressional Commission on the Strategic Posture of the United States)에서 토마호크 미사일의 유지를 권고하는 결론을 내리게 하였다. 민주당이 집권하고 나서는 일본 정부가 입장을 바꿔서 오바마 행정부에게 토마호크 미사일을 유지해달라는 자민당 정권 때의 요청은 일본 정부의 공식적 입장이 아니라고 밝히고 토마호크 미사일의 퇴역에 찬성을 표명하였다. 물론 토마호크 미사일의 퇴역결정에 있어서 일본 민주당 정부의 선호가 얼마나 중요한 변수였는지는 정확히 알 수 없다. 하지만 일본 정부가 판단하기에 토마호크 미사일이 일본의 안보에 필요하다면 미국 측에 토마호크 미사일의 유지를 요청하고, 일본 정부의 판단하에 그렇지 않다고 생각되면 퇴역에 찬성하는 입장을 미국에 표명한 점은 주목할 만하다. 오바마 행정부가 토마호크 미사일을 퇴역시키기로 결정하였을 때, 한국은 빼고 일본에게만 사전 통보를 해준 것은 아마도 일본의 그러한 적극적 안보외교의 성과일 것이다.

* JPI PeaceNet 10호 2010년 4월 28일 국문 발간

미국의 핵 태세 검토보고서에 대한 중국의 입장

GAO Wanglai
Institute of International Relations
China Foreign Affairs University

2010년 핵 태세 검토보고서(Nuclear Posture Review)는 미국의 핵 정책의 기본윤곽을 보여주는 중요한 문서다. 이 영향력 있는, 미국의 국방 정책에 관한 문서는 오바마 행정부가 들어서면서 변화된 미국 핵 정책을 여실히 보여주며, 향후 미국 핵 정책의 나침반 역할을 할 것이다. 이 보고서 발표 이후 중국에서는 미국의 안보전략과 그에 대한 중국의 반응을 분석 예측하는 진지한 논의가 이어졌다.

2009년 말 이후 중국 언론은 미국의 미래 핵 정책의 가능성들을 분석하고 예측해왔다. 핵 태세 검토보고서가 발표된 후 중국의 주요 국제관계 웹사이트들은 관련 뉴스를 신속히 보도하며 그 주요 내용을 세밀히 분석해왔다. 몇몇 안보 전문가들도 이 보고서를 해석하며 논평하였다.

핵 태세 검토보고서는 세 가지 중요한 변화를 담고 있다. 첫째, 미국은 핵무기비확산조약에 가입하여 비확산 의무를 준수하고 있는 비핵국가에 대해서는 핵무기를 사용하지 않겠다고 약속하였다. 둘째, 핵 태세 검토보고서는 핵 테러와 핵 확산 예방의 중요성을 강조하고 있다. 셋째, 오바마 행정부는 미국 핵 시설에 '새로운 힘을 불어넣을 것'이라고 선언하였다.

미국이 지속적인 핵 확산방지 노력을 펼치고 있는 가운데 발표된 이 보고서는 오바마 대통령의 핵 확산방지에 대한 적극적인 지지입장을 반영하고 있다. 오바마 대통령은 대통령 후보자 시절부터 '핵무기 없는 세상' 캠페인을 적극적으로 벌여왔다. 이러한 노력을 인정받아 노벨평화상을 수상하기도 했다. 그의 굽힘 없는 노력 덕분에 지난 몇 개월 동안 국제핵무기통제에 커다란 진보가 있었다. 미국과 러시아는 핵무기 감축에 관한 중요한 합의를 이루어냈다. 또 2010년 4월에는 핵 안보정상회의를 열어 핵 안보에 대한 대중의식을 높이는 데 기여하였다.

오바마 대통령의 핵무기통제와 관련한 이러한 노력은 부시 전 미국 대통령의 핵 확산방지정책에 대한 입장과 확연한 대조를 이룬다. 조지 부시 전 대통령은 '탄도탄요격미사일제한협정'에서 탈퇴하면서 국제핵무기통제에 제동을 걸었다. 부시 대통령의 선제공격정책은 적어도 형식적으로는 냉전 후 미국이 채택한 가장 공격적인 미사일 정책이었다.

세계에서 가장 힘 있는 국가인 미국은 다른 국가를 억누르며 핵 확산방지 분야에서 독보적인 지위를 향유해왔다. 전 세계를 지배하는 헤게모니를 가진 미국은 최첨단군사기술과 국제무기통제 어젠다 결정권을 가지고 있다. 미국은 핵 확산 방지 분야의 리더로서 대부분의 문제를 결정하고 있다. 오바마 대통령은 미국의 어젠다 결정권을 핵 확산방지에 대한 긍정적인 국제 분위기를 조성하는 데 효과적으로 이용해왔다. 미국의 핵 정책은 전 세계의 전략적 안정성과 밀접한 관계가 있다. 중국은 핵 태세 검토보고서에서 보여준 핵 확산방지에 대한 노력의 진일보(進一步)를 환영한다. 그동안 중국은 핵 확산방지 노력에 대한 사명감을 굳건히 해왔다.

하지만 우리는 정치적인 말과 행동을 구분할 필요가 있다. 분명 지난 몇 개월 동안 이루어진 몇몇 중요 회의와 괄목할 만한 성과들은 핵 확산방지 노력의 절정을 보여주었다. 그러나 오바마 대통령은 취임 후 보여준 굳건한 태도와 공약과는 대조적으로 핵 태세 검토보고서에서 다룬 변화내용은 많은 사람들이 기대한 만큼 크지 않았다.

핵 태세 검토보고서에서 설명한 두 가지 주요 변화를 살펴보면 핵 확산방지와 관련한 미국의 한계점이 분명히 드러난다. 첫째, 미국은 핵무기를 보유하지 않은 핵무기비확산조약 가입국가에 대해 핵무기를 사용하지 않겠다고 약속했다. 이는 다른 한편으로 미국이 북한과 이란에 핵 공격을 할 권리를 포기하지 않겠다는 것을 의미한다. 그러므로 핵 태세 검토보고서는 부시 대통령의 선제공격 전략을 보다 부드러운 어조로 주장하고 있을 뿐이다. 핵 태세 검토보고서는 미국이 북한과 이란에 대해 무력을 행사할 가능성을 배제하지 않고 있다.

둘째, 핵 태세 검토보고서에서는 미국 핵 시설에 새로운 힘을 불어넣겠다고 선언하고 있다. 이는 미국 핵 정책의 근본적 변화를 나타내는 것이다. 이러한 변화는 현재의 미국 안보정책에도 분명히 반영되고 있다. 아이젠하워 전 미국 대통령은 군사산업시설이 국내정치를 지배할 가능성에 대해 경고를 하였었다. 실제로 핵무기는 미국 핵 정책에서 중요한 역할을 담당해왔다.

핵 태세 검토보고서의 제한된 변화는 오바마 대통령의 '핵무기 없는 세상'에 대한 이상과 미국 국내 정치의 저항 요소 사이의 갈등을 여실히 보여주고 있다. 미국 외교정책은 정치지도자의 개인적 성향을 반영한다. 핵 확산방지에 대한 오바마 대통령과 부시 전 대통령의 태도 차이로 인해 외교정책의 변화가 야기되었다. 그러나 행간의 의미를 읽어보면 미국 핵 정책의 본질적 변화는 매우 미미하다.

지금도 미국은 새로운 핵무기 개발에 열을 올리고 있다. 러시아와의 핵무기해제 협상으로 인해 미국의 핵무기가 더욱 업데이트되었다. 미국은 이 협상으로 인해 구식 핵무기를 해체하는 과정에서 구식무기의 위험을 제거하며, 보관비용을 절감하게 되는 등 많은 이득을 보고 있다.

또 다른 변화는 미국이 핵 능력 투명성을 더욱 강화한 것이다. 2010년 5월 3일 미국은 핵무기보유에 대한 세부내용을 공개하였다. 핵무기 탄생 이후 미국이 처음으로 핵무기 숫자를 공개한 것이다. 오바마 이전 정부에서는 핵무기 숫자를 기밀에 붙였다. 중국 안보전문가들도 이 같은 분명한 변화를 인정하고 있다. 미국은 핵무기수를 발표하여 다른 국가에서 도저히 도전할 수 없는 명실상부한 세계 최고의 기술을 보유하고 있음을 만천하에 알려 국가안보를 더욱 튼튼히 하는 효과를 거두었다.

중국은 투명성에 두 가지 측면이 있다고 생각한다. 바로 의도의 투명성과 능력의 투명성이다. 의도의 투명성과 관련하여 중국은 선제 핵 공격 포기 정책을 추구하는 핵무기 보유 5개국 중 가장 높은 점수를 받고 있다. 핵 능력의 투명성과 관련해 미국은 국제사회의 헤게모니와 잠재적 적에 대한 효과적 저지력을 가지고 있기 때문에 핵 능력이 노출되어도 국익에 반하지 않는다. 미국은 핵 능력 투명성을 통해 도덕적 기반을 높이고 중국의 핵 능력 공개를 압박할 수도 있다. 그러므로 핵 능력 투명성은 미국이 교묘히 이용하는 협상카드가 되고 있다.

한편 중국은 핵 확산에 두 가지 유형이 있다고 믿는다. 바로 수평적 핵 확산과 수직적 핵 확산이다. 수평적 핵 확산은 핵 기술이 한 국가나 지역에서 다른 국가나 지역으로 퍼지는 것이다. 즉, 핵 기술이 더 많은 국가나 지역으로 퍼져나가는 것을 의미한다. 미국은 북한과 이란을 지목하며 이러한 유형의 핵 확산에 우려를 표하고 있다. 수직적 핵 확산은 한 국가의 핵 능력이 업그레이드되는 것이다. 미국은 신기술과 신무기 개발을 통해 핵 기술 발전에 적극적으로 참여하고 있다. 이러한 유형의 핵 확산은 현재의 핵무기를 차세대 핵무기로 업그레이드하는 것으로 핵 탄두와 핵무기 운반도구가 더욱 발전하게 된다. 미국은 핵 무장해제에 적극 참여하는 듯이 보이지만 핵 능력은 오히려 업그레이드되고 있다. 이와 같이 미국은 계속해서 다른 국가에 비해 기술적 우위를 점하고 있다.

핵 태세 검토보고서의 발표와 비슷한 시기에 미국은 비밀무기실험을 하였다. 4월 22일 미국은 군사용 무인우주왕복선 X-37B를 발사하여 미국의 첨단군사기술수준을 한 단계 높였다. 이 무인우주왕복선 덕분에 미국은 '2시간 내 국제 전투 참가'가 가능해졌으며 군사 저지력이 크게 향상되었다. 이 무인우주왕복선 실험은 미국의 공약과 실제 행동의 차이가 얼마나 큰지 잘 보여주었다. X-37B 같은 초강력공격무기와 더불어 최첨단 핵무기를 보유한 미국은 난공불락의 요새가 되어가고 있다.

새로운 핵 태세 검토보고서는 중국과 미국이 핵 테러와 핵 확산방지에 대한 관심사를 공유하고 있다는 사실을 지적하고 있다. 핵무기가 테러리스트나 다른 적의를 가진 그룹의 손에 넘어간다면 큰 재앙이 될 것이다. 중국과 미국은 국제안보문제를 해결해나가기 위해 협력할 수 있다. 2010년 4월 오바마 대통령 주최로 워싱턴 D.C.에서 열린 핵 안보정상회의에 중국의 후진타오 국가주석이 참석했다. 상호의존성이 더욱 강화되는 세계에서 중국과 미국은 핵 위험을 감소시키고 '핵무기 없는 세상'이라는 공동의 목표를 추구하기 위해 서로의 도움이 절실하다 하겠다.

결론적으로 부시 정권과 비교할 때 오바마 정권은 핵 확산방지에 보다 적극적인 태도를 취하고 있으며, 최근 발표한 핵 태세 검토보고서에 이를 반영하고 있다. 그러나 오바마 대통령은 국내 저항요소에 직면하여 국제사회 헤게모니를 고수하려는 미국 정책을 크게 변화시키지는 못할 것이다. 그러므로 정책변화가 실제적인 큰 변화를 가져오지 못할 것이다. 한편 핵 태세 검토보고서는 중국과 미국의 공통관심분야를 잘 보여주고 있다. 중국 정부는 핵 확산방지 노력에 커다란 사명감을 가지고 있다. 중국은 핵 확산방지를 위해 미국과 공조해 나갈 것이다.

---

* JPI PeaceNet 12호 2010년 5월 25일 영문 발간
* 원제는 "A Chinese Perspective on the Nuclear Posture Review"

핵 군축(Nuclear Disarmament): 호주의 견해

Rod LYON
Australian Strategic Policy Institute

호주 국민은 세계 및 지역 안보와 관련하여 핵무기의 역할을 축소하기 위한 단기적인 노력은 물론, 오바마 대통령의 장기적인 핵 군축을 목표로 한 새로운 핵 정책을 환영하고 있다. 정부와 일반 국민 모두 핵무기 확산을 억제하는 그 어떤 노력에 대해서도 대부분 동의하고 있으며, 핵 확산금지조약 재검토 해인 2010년, 호주의 정치 지도부에 있어 동 의제의 목표는 특히 중요하다.

그러나 핵무기와 관련하여 호주는 오랫동안 애매한 입장에 있었다. 세계적으로 핵 확산이 고조되면서 호주 역시 국가 안보를 위한 호주·뉴질랜드·미국 안보조약(ANZUS Treaty)을 따르게 되었다. 호주에 제공 및 확장된 핵 억제 협정(extended nuclear deterrence arrangement)은 일반적으로 핵 부품도 포함하고 있다. 호주는 미국의 기타 여러 동맹국과 마찬가지로 전략적 선택안인 핵무기를 단념하고, 위기 시 자국의 안보를 지탱하기 위해 핵무기를 이용할 수 있는 특권적 지위를 가지게 되었다. 따라서, 호주는 핵무기 억제의 옹호자이자, 공공연한 사실은 아니지만, 미국의 확장된 핵 억제 정책의 수혜자이기도 하다.

호주는 자체적으로 핵무기를 보유하고 있지 않지만, 여러 측면에서 이와 유사한 협정을 통해 혜택을 받는 아시아의 기타 동맹국과 별반 다르지 않다. 오바마의 핵 정책은 몇 년 동안 미국이든 미국의 동맹국에 대해서든 여전히 이중적인 핵 입장을 견지하고 있다. 이전 대통령과 다를 바 없이, 오바마는 자신의 임기 동안 핵 군축이 일어나지 않을 수도 있다는 것을 인정하고 있다. 오바마의 '핵 태세 검토보고서(Nuclear Posture Review)'는 핵 억제가 가까운 장래에 미국의 안보를 보장한다고 인정하고 있으며, 이는 호주 정부가 아시아 지역의 지정학적 전환기에 핵 억제의 지속적인 타당성을 확인하는 데 민감한 계기가 되었다.

오바마의 '혁신(revolution)'이 진전됨에 따라 '확장된 핵 억제'의 앞날은 어떻게 될 것인가? 어떤 점에서는 프라하 연설의 화려한 미사여구는 결코 혁신이 아닐 수도 있다. 그러나 이는 마땅히 면밀하게 주의를 기울여야 하는 미국 핵 정책의 세부적인 변화 사항들일 것이다. 핵 태세 검토보고서에는 분명한 암시가 있다. 즉, 오바마 정부는 미국이 추가로 핵무기에 의존하는 것을 축소하고자 하며, 이는 미국의 동맹국 역시 미국 핵무기에 의존하는 것을 줄인다는 것을 의미한다. 토마호크 핵무기 장착 지상공격 미사일(Tomahawk land-attack nuclear-armed cruise)의 퇴역은 해양 동맹국에 특히, 태평양 동맹국에 자국의 전략적 수준에서 확장된 핵 억제(extended nuclear deterrence)에 대한 의존도를 줄이는 것을 심사숙고해야 한다는 것을 암시한다. 그러나 핵무기 장착 토마호크 미사일은 지금은 구식 무기가 되었다. 특히, 핵 태세 검토보고서는 실질적으로 동맹국들에 확장된 핵 억제를 특정 무기 체계로 바꾸는 것이 아니라, 미국의 전체 핵무기 및 재래식 무기 체계로 바꾸는 것임을 재확인시키려 하고 있다.

이와 같은 사항이 미국 동맹국들을 충분히 만족시킬지 여부는 두고 봐야 알 수 있다. 핵 태세 검토보고서는 다양한 방향으로 해석할 수 있다. 여건에 따라, '유일한 목적(sole purpose)'의 논거 원칙을 인정하는 경우, 다른 나라들이 핵무기 사용을 단념하도록 하는 향후 미국 핵 정책원칙에 대한 '핵 태세 검토보고서'의 예시와 관련하여 볼 수 있다. 따라서, 핵무기의 유일한 목적은 종전 동맹국들에 배치된 미국의 핵우산을 점진적으로 축소하는 것을 암시할 수 있다. 핵우산이 급작스럽게 위축되는 것은 아니지만, 불안해 보이는 아시아 지역의 지정학적 변환기에 핵우산을 전면 축소한다면, 미국 동맹국들과 상대국 간에 상당한 분쟁이 야기될 것이다. 또한, 이는 수십 년에 걸쳐 미국의 아시아 동맹국들이 미국의 무기고(arsenal)에서 특정 중단거리 핵무기 시스템이 꾸준히 제거되는 것을 인식하게 될 것이라는 점인데, 이것은 정확히 이들의 전략적인 여건이라 볼 수 있다. 호주는 미국의 다른 동맹국들과 마찬가지로 앞으로 몇 년 동안 아시아 지역에서 지속적으로 펼쳐질 미국의 핵 정책을 예의 주시하게 될 것이다.

여기서 두 가지 다른 문제와 관련하여 주의를 기울여야 한다. 첫 번째 문제는 올해 4월 워싱턴에서 개최된 오바마 대통령의 핵 안보정상회의(Nuclear Security Summit)에 호주 총리가 참석하지 않은 점이다. 신 전략무기감축조약(New START treaty) 결정과 '핵 태세 검토보고서' 공표는 물론, 뉴욕에서 개최된 핵 확산금지조약(NPT) 평가회의 등 핵 문제와 관련한 주요 사건이 많았던 해에 Rudd 호주 총리는 핵 안보정상회의에 참가하지 않아 상당한 비판을 받은 바 있다(John Faulkner 국방장관이 대신 참석하였음). 그러나 이 문제는 특별히 전략상 중대한 것은 아니다. 올해는 선거가 있는데다 정당들과 호주 유권자들이 보기에는 국내 문제가 더욱 중요했을 수도 있다. 6월에 다시 방문하기로 약속하긴 했지만, 오바마 대통령이 3월 인도네시아와 호주 방문을 취소함에 따라, 호주 총리가 4월에 워싱턴을 방문한 것은 상호 관계가 균형을 잃은 것으로 보일 수 있다. 정확히 말하자면, 핵 안보원칙에 대한 호주의 약속은 의심할 여지가 전혀 없다고 총리는 단정했다.

검토할 필요가 있는 두 번째 문제는 정부가 발표한 국제 핵 비확산 군축위원회(ICNND) 종결과 관련한 것이다. 다양한 핵 군축 문제는 물론 2010 핵 확산방지조약 회의와 관련하여 특별 과제를 심층적으로 조사 및 토론하기 위해 이 위원회는 설립되었다. 계획적이든 아니든 간에 이 위원회는 정부와 별개로 여러 가지 다양한 권고안과 제안을 제시한다는 이점이 있었는데, 본질적으로 '호주의 정책 영역'과 '국제위원회 영역' 두 개의 영역에서 그 역할을 했다. 위원회의 재원 확보와 외교통상부(Department of Foreign Affairs and Trade)의 행정 지원은 핵무기 억제 및 군비축소 부분에서 새로운 정책 제안의 촉구를 지지하는 정부의 의지를 보여준다. 그러나 개인적으로 위원 회를 장기적인 기구로 계속 운영하는 것이 호주 정부의 의지는 결코 아니라고 생각한다.

이 위원회는 지난해 12월 도쿄에서 '핵 위협 제거: 세계 정책입안자 를 위한 실질적 의제(Eliminating Nuclear Threats: A Practical Agenda for Global Policymakers)'라는 최종 보고서를 발표했으며, 호주 정부는 5 월 3일 언론 발표를 통해 이에 대한 반응을 내놓았다. 반응을 통해 정부는 핵 확산금지 및 군비축소 문제와 관련하여 위원회를 설립하 는 것이 최선의 현안이라 여겼다. 또한, 이는 공통된 이해관계와 목 표가 있는 분야에서 일본과의 외교 관계를 강화할 수 있는 기회로 여겼다. 그러나 정부는 이 위원회는 확고하게 독립적이며 위원회 위원들은 개인의 능력에 따라 임명된다고 강조했다. 이와 같은 반 응은 핵무기를 배제하고 세계의 목표를 지향한다는 의미에서 '정부 는 자국의 방위 정책이 미국과의 동맹 하에 '확장된 핵 억제'를 통 해 호주가 보호받는 것을 인정한다'라고 보았다. 하지만, 대부분의 위원회 분석과 실천 의제 및 권고안에는 정부의 핵 확산금지 및 군 비 축소 정책과 그 '보조를 맞추고' 있다고 되어 있다.

하지만, 정부는 위원회의 두 가지 주요 제안을 모두 지지하지 않았 는데, 이는 2025년까지 2,000탄두의 세계 핵무기 재고의 '최저점 (minimisation point)'을 달성하자는 제안과 핵무기를 보유한 국가들 의 '유일한 목적'이 다른 나라들이 자국 또는 동맹국들에 핵무기를 사용하지 못하게 막는 것임을 선언하자는 제안이었다. 대신, 정부 는 최저 목표와 관련하여 '체계적이고, 회복 불가능할 정도로 감축

가능한 전략적, 정치적 조건을 마련하는 것이 더욱 중요하다.'라고 주장했다. 이와 유사하게, 정부는 '유일한 목적' 선언에 관한 위원회의 제안은 특정 단서를 두고 지지했다. 이와 같은 반응과 관련하여 만약, 미국이 이 같은 선언이 가능하다고 한다면, '호주는 편안해질 것'이라고 인정하고 있다. 또한, 이는 이와 같은 선언이 이루어질 수 있는 여건을 조성해야 한다고 강조한 최근 오바마의 '핵 태세 검토보고서'와 관련해서도 마찬가지이다.

국제 핵 비확산군축위원회(ICNND) 보고서에 대한 일반적인 정부의 반응은 분명히 오바마 행정부의 '핵 태세 검토보고서'가 미국의 핵 정책 배경에 연속성을 충분히 제공했다는 것이다. 그 배경이란 호주가 동맹국의 군축 정책에서 벗어나는 것은 현명하지 못한 일이 될 것이라는 점이다. 지속적으로 아시아 자체의 전략적 미래를 둘러싼 불확실성에 따라 이 같은 결론은 특히 주목을 끌고 있는데, 강대국의 전략적 상대성이 아시아로 옮겨지고 있으며, 지역 안보 환경이 여전히 불안정한 상태로 남아 있다. 호주는 핵 군축에 대한 압력이 다시 일반 대중의 주목을 끌고 있으며, 아시아 지역에서 핵 문제가 점점 더 중요해지고 있다는 것을 인식하고 있다. 이 지역의 다른 나라들과 마찬가지로 호주 정부 역시 핵 군축과 방위 정책 간에 균형을 이루는 것에 우선순위를 두고 있다.

* JPI PeaceNet 13호 2010년 6월 1일 영문 발간
* 원제는 "Nuclear Disarmament: An Australian Perspective"

오바마의 핵 정책과 일본의 안보

Masashi NISHIHARA
Research Institute for Peace and Security

▌확장된 핵 억제력(Extended Nuclear Deterrence)은 일본의 안보를 보장한다.

4월 6일, 오바마 행정부가 핵 태세 검토보고서(NPR: Nuclear Posture Review)를 발표하고 미국의 안보 정책에서 핵무기 역할을 축소할 필요가 있다고 전하자 일본 정부는 이를 무척 반기는 눈치였다. 일본은 전면적인 핵 군축을 강력하게 지지해 왔으며, 매년 유엔총회에 완전한 핵 군축을 요구하는 결의안을 제출해 온 회원국 중 하나이다. 오바마 대통령의 핵과 관련한 이와 같은 입장은 완전한 핵 군축을 향한 중요한 첫 걸음이 될 것이다.

그러나 미국과 마찬가지로 일본 역시 세계가 핵무기로부터 자유로

워지는 것을 지지하고 있지만, 현실적으로는 핵무기가 존재하는 경우, 또는 핵무기가 테러리스트를 비롯한 적의 수중에 넘어가는 경우, 핵을 억제할 가치가 있다고 보고 있다. 일본은 지난해 4월 프라하 연설을 통해 "핵무기가 존재하는 한, 반드시 그 어떤 적대 행위도 저지해야 한다. 우리 동맹국들의 방위를 보장하기 위해 확실하고, 안전하며, 효과적인 무기를 보유해야 할 것이다"라고 전했다.

미국의 안보 정책에서 핵무기의 역할을 축소시킴으로써 미국은 재래식 무기를 통해 억제 수준을 강화할 것이다. 재래식 무기를 통한 억제가 전쟁 가능성을 높일 수도 있지만, 이에 의존하는 것이 보다 현실적인 방안일 수 있다. 재래식 무기를 통한 억제는 북한이 한국에 핵 공격 수단을 감행할 경우, 한반도와 일본 섬의 핵 방사능 낙진으로 인한 영향을 줄이게 될 것이다.

현실적으로 일본은 미국의 새로운 정책인 확장된 핵 억제력(extended nuclear deterrence)을 환영하고 있다. 현재 미국은 핵 확산금지조약(NPT)을 준수하지 않는 나라를 제외하고, 비핵국가를 상대로 한 핵무기 선제사용을 금지하는 정책('소극적 보장(negative assurance)' 정책)을 굳건히 하고 있다. 미국 정부는 북한이나 이란과 같은 나라에 대해서는 선제사용정책을 견지하고 있으며, 일본은 이러한 조건부 선제사용정책에 만족하고 있다.

핵 태세 검토보고서(NPR)는 원래 지난해 12월에 발표할 계획이었다. 발표가 연기된 이유 중 하나는 핵무기 선제사용에 대한 행정부 내의 의견 차이 때문이었다. 결국, 4월에 발표한 핵 태세 검토보고서는 미국이 전통적인 선제사용 원칙을 수정했음을 보여준다. 동 검토가 발표되기 전에 일본과 다른 나라에서는 미국이 전통적인 선제사용 원칙을 포기할 수 있다고 추측했다. 미국은 북한과 이란에 대해 예외를 적용하면서 일본과 한국의 안보를 지속적으로 보장하고 있다.

일본과 호주는 국제 핵 비확산군축위원회(ICNND)를 2008년과 2009년 공동으로 주최했다. 동 위원회는 공식적인 국제기구는 아니지만, 관련 정부들로부터 지원을 받고 있다. 위원회의 보고서는 무엇보다도 선제사용 원칙의 폐지를 제안했다. 일본은 미국의 핵우산 보호를 받아 이익을 얻고 있기 때문에, 미국의 선제사용 원칙을 지지하고 있다. 이렇듯 에반스 · 가와구치 위원회(Evans-Kawaguchi Commission)와 일본 정부 간에는 의견 차이가 있다. 핵 태세 검토보고서(NPR)는 선제사용 원칙을 예외적인 경우에만 적용함으로써 절충적인 정책을 취하고 있다.

▌일본의 비핵정책(Non-Nuclear Policy)은 바뀌어야 한다.

냉전 시대에 일본의 공식적인 비핵정책에는 모순이 있었다. 핵무기를 보유, 생산 및 반입하지 않는다는 세 가지 비핵원칙을 주장했지만, 다른 한편으로 미국의 확장된 핵 억제에 의존했다. 경유 체류를 위해 일본 항구에 입항하거나, 일본 수역을 지나는 미국 해군함정들은 핵무기를 장착할 수 있다. 공개적으로 알려진 1960년의 일본과 미국 간 합의에서는 일본에 핵무기를 들여오려면 '사전 협의(prior consultation)'가 필요하다고 규정하고 있다. 실제로 미국은 전략적으로 모호한 정책을 취했는데, 이는 '핵무기의 존재를 긍정도 부정도 하지 않는 핵 정책(NCND: Neither Confirm Nor Deny)'으로 사전 협의를 구하지 않아도 되는 것이다.

따라서 미일동맹에 비판적인 사람들, 특히 반핵 행동주의자들은 일본 항구로 입항하는 미국 해군 함정이 핵무기를 싣고 있다고 의심했다. 그러나 미국의 NCND 정책 때문에 이들은 이러한 의구심을 입증할 방법이 없었다. 실제로 1960년 이래 일본 정부는 핵무기를 적재하고 일본을 경유하거나 일본 수역 또는 영공을 통과하는 미국 선박을 묵인하겠다고 미국 측에 은밀히 통보했다. 일부 언론과 학자들은 정보자유법(Freedom of Information Act)에 따라 일반에 공개된 미국의 문서를 조사하여 이러한 미국의 관행을 폭로했다. 이는 오카다 가쓰야 외무성 장관이 설립한 전문가 조사위원회가 미국과의 은밀한 양해가 실제로 존재했었다는 사실을 밝히면서 올해 2월 하토야마 정부에 의해 비로소 확인되었다.

일본 정부의 이러한 공개가 현명한 행동이었는지에 대해서는 여전히 논란이 있다. 미국으로 하여금 '서태평양 지역에 대해 NCND 정책을 적용하게 함으로써 일본의 전략적인 안보 선택권을 폭넓게 유지하는 것은 일본 안보에 이익이 된다. 1991년 9월 이래 미국은 모든 함선에서 토마호크 미사일과 같은 전술 핵무기를 모두 제거했다. 그러나 미국이 유럽의 NATO 국가들이 중단거리 전술 핵무기를 유지할 것이라고 언급한 바와 같이, 향후 이를 다시 배치해야 할 수도 있다. 이럴 경우, 엄밀히 따져보면 일본의 3대 비핵원칙 중 하나인 반입 금지 원칙은 미국이 서태평양 지역에 전술 핵무기를 재배치하려는 결정을 방해할 것이다.

이렇게 되면 일본은 반입금지 원칙을 수정해야 하고 핵무기를 탑재한 미국 해군 함정이 일본을 경유하거나 일본의 수역을 통과하도록 허용해야 한다. 핵무기의 '반입 금지'는 어떠한 핵무기도 반드시 항구나 수역이 아니더라도 일본 영토에 반입될 수 없다는 것을 미국도 잘 알고 있다. 2.5 핵 원칙이라고 말할 수도 있는 것은 일본의 안보와 미국의 정책 모두와 맞아떨어진다. 이는 한국과 호주 같은 미국의 기타 태평양 동맹국들이 묵묵히 실행하고 있는 것이다.

---

* JPI PeaceNet 16호 2010년 6월 18일 영문 발간
* 원제는 "Obama's Nuclear Posture Meets Japan's Security Interests"

2010년 봄: 세계 비핵화로 가는 전환점을 만들 수 있을 것인가? 러시아의 관점

Sergey M. SMIRNOV
Center for International Studies
Maritime State University

2010년 봄, 나는 주요 핵 관련 정치활동에서 오바마 행정부의 주도에 아무도 도전을 하지 못하리라고 생각한다. 핵 태세 검토보고서(Nuclear Posture Review)와 핵 안보정상회의(Nuclear Security Summit)는 분명한 미국 대통령의 위업이었다. 러시아와 새로운 START에 합의할 수 있었던 것도 적어도 부분적으로는 오바마 대통령의 적극적 노력 덕분이었다. 이러한 업적들은 정치적 의미에서 대단한 성공이다. 특히 노벨상 위원회의 선택이 옳았음을 재확인시키려 애써온 오바마 대통령에게는 매우 중요한 성과였다.

2010년 핵 태세 검토보고서로 이야기를 시작해보자. 이 문서에서는 핵 비축량의 투명성, 핵 비확산활동, 핵무기 없는 세계로 가는 로드맵 등에 대해 논의하고 있다. 힐러리 클린턴 미 국무장관은 핵무기보유고에 관한 세부사항들이 (명확히 분류되진 않았지만) 최초로 공개되었고, 핵 태세 검토보고서를 통해 새로운 핵무기 개발이나 기존 핵무기의 새로운 능력 또는 작전 개발을 하지 않기로 선언했다는 사실을 강조하고 있다. 핵 확산방지조약에 가입하여 의무를 준수하는 비핵보유국에 대해서는 핵무기 사용을 금지하겠다고 약속했다. 이제 현실적인 면에서 이러한 업적들의 가치를 논의해보자. 미국과 러시아가 배치 또는 보유하고 있는 핵 탄두의 수는 적어도 전문가와 외교관, 그리고 INF, SALT, START 활동에 참가하는 군인들에게는 사실상 중요한 기밀이 아니다.

가오 왕라이(GAO Wanglai) 박사가 지난 5월 JPI PeaceNet에 기고한 '미국의 핵 태세 검토보고서에 대한 중국의 입장'이라는 기고문(JPI PeaceNet 12호)에서 핵 태세 검토보고서의 다양한 '부작용들'을 완벽히 진단하고 있다. 그러나 나는 "미국은 핵무기 수를 발표하여 다른 국가에서 도저히 도전할 수 없는 명실상부한 세계 최고의 기술을 보유하고 있음을 알려 국가안보를 더욱 튼튼히 하는 효과를 거두었다"라는 주장에 전적으로 동의하지는 않는다. 사실 미국의 전략적 핵무기는 냉전시대 이후 기술적으로 큰 변화가 없었다. 미국의 주요한 전략적 적대국가인 러시아의 경우도 마찬가지다. 이유는 매우 간단하다. 이미 무기의 성능이 작전 요구를 크게 초과하므로 굳이 현대화할 필요가 없었기 때문이다. 양국은 4월 프라하에서 새로운 START 협정을 체결할 때 보여준 전략적 무기 면에서의 동등한 지위를 지금까지 그대로 유지하고 있다. 2010년 핵 태세 검토보고서의 유효기간인 2015~2020년 동안에도 이 상태가 계속 유지될 것으로 전망된다.

러시아의 경우 새로운 협정으로 가는 길이 평탄치 않았다. 사나운 '매파(Hawks)'들이 전략적 무기를 더욱 감축한다면 국가방어능력이 전반적으로 악화될 것이라고 시위를 했기 때문이다. 반면 '현실주의자'들은 실제 국내 상황을 고려할 때, 전략적 무기를 더욱 많이 삭감해야 한다고 주장했다. 러시아의 많은 전략시스템들이 노후화되고 있지만 방위산업부문에서 이를 적시에 대체할 능력은 턱없이 부족하다. 지난 5년간 연기되고 있는 불행한 '불라바(Bulava)' SLBM 프로젝트 역시 러시아 방위산업의 심각성을 잘 보여주고 있다. 그러나 새로운 협정의 필요성 자체를 부정하는 사람은 거의 없었다. 솔직히 이전 START 체계에서 군대 대 군대로서의 상호작용이 20년간 이상 계속되었는데도 불구하고, 미국과 러시아가 이전의 전략적 적대국 관계에서 벗어나 투명성, 신뢰형성, 협력의 관계를 조성하고 있다는 것 자체가 놀라운 사실이다.

핵 태세 검토보고서에서 또 다른 주목할 점은 미국의 핵무기 기지에 대한 지출비용의 증가다. 그러한 결정에는 분명한 논리가 숨어 있다. 핵 탄두는 플루토늄 함유 비율과 다른 물리적 효과에 의해 생명주기가 달라진다. 따라서 핵 탄두를 지속적으로 검사하고, 정비하고, 충전하지 않으면 모든 핵 실험에 부여된 일시적 정지기간이 지난 후에는 그 성능을 신뢰할 수 없게 된다. 한편 기존 탄두의 품질 향상에도 추가재정이 지원된다. 외부인들은 그것이 핵 탄두의 안전성과 안정성을 향상시키기 위한 것인지, 핵 탄두의 파괴력과 정확도를 향상시키기 위한 것인지 정확히 알 수가 없다. 만약 후자의 경우라면 아슬아슬하게 유지되고 있는 세계의 전략적 균형이 허무하게 무너질 위험이 있다.

비전략적 핵무기 문제에 대해서도 비슷한 논리적 접근방법이 적용되어 빠른 감축 속도를 보일 전망이다. 때때로 미친듯한 냉전논리가 끝난 것이다. 전략적 핵무기 대량사용에 따른 확증된 자기파괴효과는 전투 지휘자(적군의 핵 잠수함에 핵 어뢰 발사를 명령하는 해군 함대 참모와 10인치 핵 장착 포탄 발사를 준비하는 육군대령)에게 결코 비밀이 아니다. 오늘날에는 핵무기의 정확도를 이용해 같은 임무를 보다 (이것이 문맥에 접합한 단어라면) 적절히 그리고 안전하게 수행할 수 있게 되었다. 그러므로 토마호크(Tomahawk) 핵 크루즈 미사일의 퇴출 선언은 그것의 운영가치가 사라진 새로운 전략적 환경에서 지루한 심사숙고를 반복한 끝에 얻어낸 긍정적인 진보였다. 그러나 미국이 비전략적 핵무기 퇴출에서 러시아를 앞서가고 있다 해도, 그것이 워싱턴이 러시아보다 '핵무기 없는 세계'를 더욱 간절히 원하고 있다는 증거는 아니다. 중요한 것은 미국이 많은 핵심전투지역에서 재래식 무기의 기술적 우월성을 유지하고 있다는 점이다. 그 결과 러시아 군사 전략가들은 이 지역에서 계속 핵무기에 의지할 수밖에 없다. (2010년 2월 채택된) 새로운 러시아 군사강령에서는 '대규모 재래식 공격의 결과로 러시아의 존재가 위험에 처한다면' 핵무기 사용을 고려해야 한다고 밝히고 있다.

탄도미사일방어체제는 오늘날 가장 논란이 많은 이슈일 것이다. 동유럽 탄도미사일방어체제의 배치 계획은 새로운 START 협상과정의 주요 장애물로 알려져 왔다. 이 계획에 대한 러시아의 반응은 다소 과장되어 종종 히스테리처럼 보이기까지 했다. 오바마 대통령은 선거공약을 지키기 위해 이 프로젝트를 철회하며 2010년 프라하 선언을 실현하기 위해 노력해왔다. 그러나 그가 실제로 한 일은 단순한 거래 이상이었다. 그는 미국-러시아, 미국-유럽 관계에서 심각한 대립 이슈를 제거하고, 미국 납세자에게서 수십억 달러의 부담(폴란드와 체코 공화국에 제공하는 '보상 패키지' 비용)을 줄여주며, 비용이 많이 들고 작전상 비효과적인 프로젝트를 거부하였다. 미국은 현재 발틱, 흑해, 페르시아만에서 작전 중인 이지스(AEGIS) 전함에 새로운 M-3 미사일를 장착하였다. 그 결과 폴란드에 배치할 것을 고려했던 신뢰할 수 없고, 검증되지 않은 요격 미사일이 없어도 탄도미사일을 충분히 방어할 수 있게 되었다. 미 해군은 현재 한국에서와 같이 유럽에서도 이지스의 탄도미사일방어체제를 즉각적으로 실행할 수 있는 능력이 충분히 있다.

한편, 북한의 핵 개발 상황은 상당히 불안정하고 예측하기 어렵다. 그러나 북한의 핵 확산활동에 대해 북한의 책임만 묻는 것은 불공평할 수도 있다. 그동안 미국을 포함한 주변 국가들은 한반도에서 핵 대립을 종결할 수 있는 기회를 적어도 세 번 놓쳤다. 첫째는, 북한이 1994년 북미 제네바 합의의 의무이행을 사실상 거부했을 때였다. 중유 제공 중단과 경수로 핵 발전소 건설 중단이 결국은 김정일이 핵 활동을 재개하도록 자극한 것이었다. 둘째, 북한이 2003년 1월 핵 확산방지조약에서 탈퇴를 선언했을 때 열강들은 이 결정의 심각성을 믿지 않는 척 무시했다. 셋째, 2006년 10월 북한이 첫 번째 핵 폭발 실험을 실시했을 때 (일본을 제외한) 6자 회담 당사국들의 반응이 다소 우유부단했다. 만약 그때 세계가 핵 확산방지조약 위반을 용서하지 않으리라는 메시지를 분명히 했다면 북한은 핵무기 프로그램을 중단했을지도 모른다.

그렇게 하여 우리는 현재의 상황에 이르렀다. 이제 북한은 두 번째 핵 실험에 성공했다. 정치가들은 그들의 두통거리(어느날 김정일 정권이 끝이 나면 핵무기는 어떻게 될 것인가?)를 제거해줄 수 있는 치료약을 절실히 구하고 있는 반면, 해외 전문가들은 사용 가능한 핵 탄두의 숫자와 전달수단을 예측하느라 바쁘다.

나쁜 소식은 여기서 끝이 아니다. 독립 분석가들은 비극적인 천안함 사건에 대한 미국과 동맹국들의 비정상적으로 우유부단하고 온건했던 태도에 좀더 주목할 필요가 있었다. 물론 그것이 매우 민감한 문제이고 정치가에 의한 어떠한 실수도 돌이킬 수 없는 결과를 야기할 수 있는 위급한 상황이기도 했다. 그러나 상상력이 풍부한 호사가들은 강경론자들이 북한에 대한 공격 주장을 멈춘 이유가 북한이 가지고 있는 핵무기 때문이라는 또 다른 결론에 도달할지도 모른다. 이란 지도자들은 그러한 의견에 수긍할 것이다. 아마도 이란은 적대국인 이라크가 미국이 이끄는 연합군이 자국을 공격하고 점령하는 것을 저지하기 위해 핵무기를 얻으려 시도했으나 실패했던 사례에 비추어 지금의 남북 상황을 분석하려 할 것이다.

많은 세계적 징조나 징후들이 유엔과 국제원자력기구를 포함한 국제기구들이 핵 확산, 핵 안전, 핵 인식 등의 문제를 처리하기 위해 보다 강화되어야 할 필요성을 확인시켜주고 있다. 인도, 브라질, 아르헨티나는 핵 발전 전함을 만들기로 결정했다. 일본은 초대형 플루토늄 프로젝트를 시작했다. 세계의 젊은이들은 핵무기가 실체 없는 허상에 지나지 않는다고 과소평가하는 경향이 있다. 그러므로 나는 올 봄 오바마 대통령의 핵 관련 노력이 보다 높이 평가되어야만 한다고 생각한다. 현실을 고려할 때 '핵무기 없는 세계'라는 오바마의 비전이 가시적인 미래에는 실현되기 힘들 것이다. 그렇지만 우리가 우리 세계를 좀더 안전하게 만들 수 없는 것은 아니다.

---

* JPI PeaceNet 17호 2010년 6월 29일 영문 발간
* 원제는 "Spring-2010: Will It Become A Turning Point on The Road to Nuclear Free World? A View from Russia"

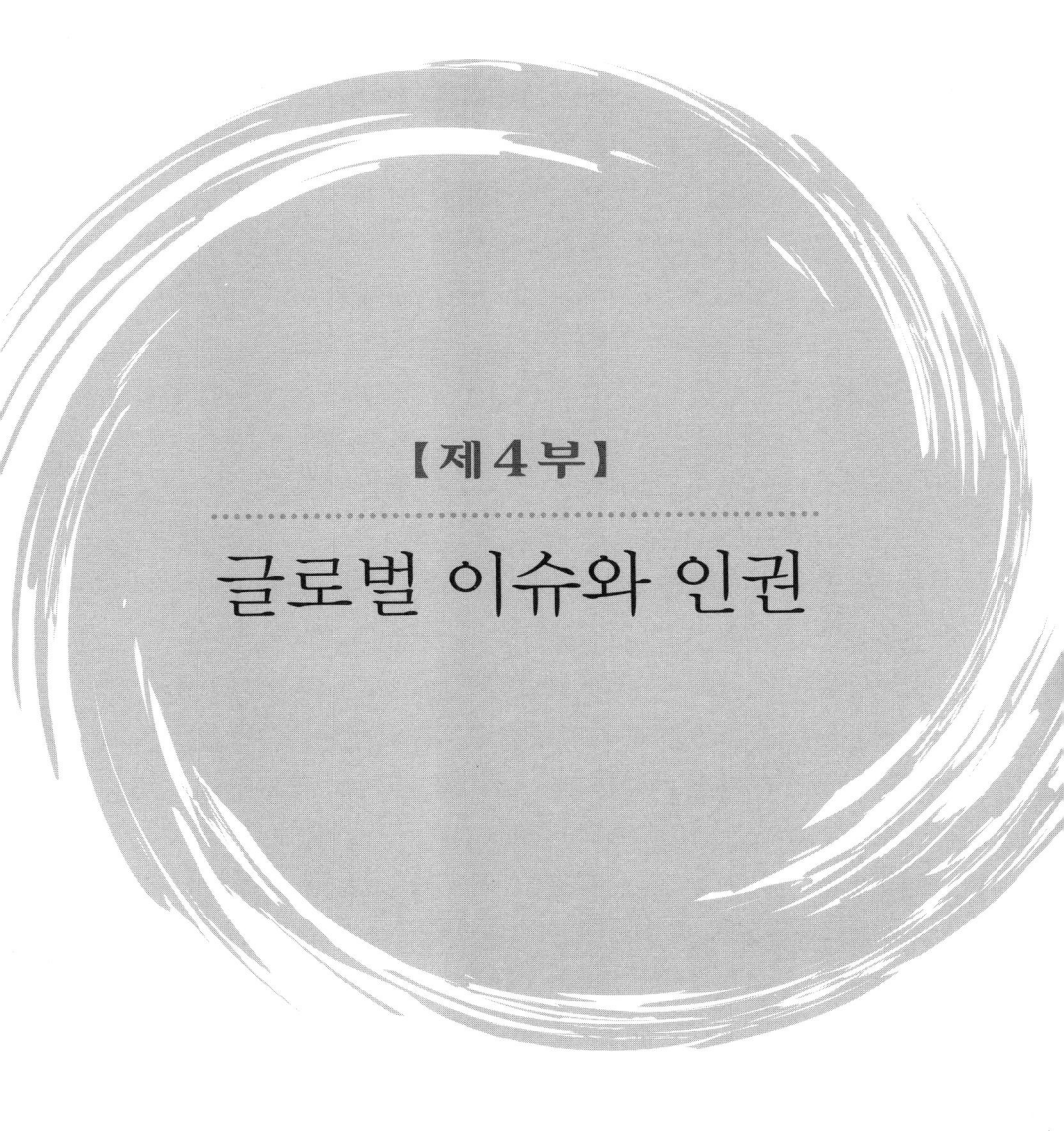

【제4부】

글로벌 이슈와 인권

리스본 조약 이후
유럽연합의 변화와 우리의 대응

고상두
연세대학교

▌국제질서의 변동과 유럽연합의 위상

글로벌 경제위기, 유럽통합의 심화, 신흥공업국의 부상 등으로 국제사회에서 힘의 질서가 재편되고 있다. 국제질서는 냉전시대의 양극체제에서 탈냉전시대의 일극체제로 그리고 다시 국제체제의 새로운 변동이 예상되고 있다. 미국과 중국이 대표하는 G2론, 영토와 인구 면에서 거대경제권인 BRICs의 부상론, G20에 의한 글로벌 공조체제론 등 다양한 전망이 있다. 하지만 유럽연합은 리스본 조약 이후 G3를 새로운 대안체제로 제시한다. 그동안 유럽연합은 환경, 인권, 복지 등 소프트파워를 강조해왔지만, 이제 안보와 경제력의 결집으로 하드파워 차원에서도 힘의 증진을 모색하고 있다.

▌리스본체제의 주요 특징

리스본 조약으로 유럽연합의 내부적 권한이 강화되었다. 지금까지 유럽연합(EU)은 정치적 실체에 불과하였고, 법적으로는 과거의 유럽공동체(EC)가 대표하였다. 즉, 유럽국가들은 통합의 심화를 정치적으로는 합의했지만, 법적으로는 추인하지 않았던 것이다. 그런데 이제 리스본 조약으로 유럽연합은 정치적 실체에서 법인격으로 변화하였고, 유럽연합의 모든 권한은 법적으로 유효하게 되었다.

리스본 조약은 유럽연합의 권한을 확대하였다. 그동안 유럽연합이 주로 다루었던 경제 이외에 정무, 환경, 안보 등 모든 문제를 다루게 되었다. 과거에는 유럽연합의 권한, 유럽연합과 회원국의 공동권한, 회원국의 권한이라는 세 가지 권한구분이 있었지만, 이제 유럽연합이 다룰 수 없는 영역이 없게 되었다. 이와 더불어 정책결정과정이 간편해졌다. 다수결의 확대로 군사와 조세를 제외한 거의 모든 이슈를 다수결로 결정할 수 있게 되었다.

외부적 권한도 강화되었다. 유럽이사회 내에 상임의장직(2년 6개월)과 외교대표직(5년)을 신설하였고, 외교대표는 산하에 대외관계청을 신설하여 지휘하게 된다. 현재 유럽연합은 130개의 해외 대표부에 5,000명의 주재원을 파견하고 있다. 조만간 해외 주재원의 1/3을 교체할 예정이다. 이를 위해 약 1,200~1,300명 규모의 외교전문인력을 각국 회원국으로부터 지원받을 계획이며, 이들은 유럽연합에서 4년간 근무한 후에 자국으로 귀환하는 순환근무를 하게 될 것이다. 이로써 회원국이 유럽연합의 대외업무에 직접적으로 참여하는 것이 제도화되었다.

▌리스본 조약 이후 한-EU관계

리스본 조약 이후 한국과 유럽의 교역 및 투자 환경이 크게 변화할 것으로 보인다. 무엇보다도 유럽연합의 입법과정이 신속화됨에 따라 환경, 안전, 기술규제에 대한 결정이 크게 늘어날 것이다. 그리고 유럽내의 각종 제도와 표준의 통일이 가속화될 것이다.

또한 한-EU FTA 비준환경이 변화하였다. 유럽의회의 동의가 반드시 필요하게 됨에 따라, FTA 비준을 반대하는 유럽기업들이 의회를 상대로 로비할 가능성이 생겨났다. 특히 독일과 이탈리아의 자동차 공업협회는 유럽연합이 금융과 지적재산권 분야에서 이득을 얻기 위해 제조업 분야의 이익을 내어주었다고 비판하고 있다. 한국과의 FTA 협상을 담당한 애쉬톤(Ashton) 통상집행위원이 영국출신이어서 제조업에 불리한 협상태도를 보였다는 것이다.

유럽과의 자금결제에서 유로화의 사용이 증대할 것으로 보인다. 유럽연합의 재정금융권한이 강화되면서 아직 유로화를 도입하지 않은 국가에도 강력한 영향력을 발휘하게 되었다. 그리고 유로존이 확대될 가능성이 높다. 세계금융위기 이전에는 유로화를 도입하지 않은 국가들이 높은 경제성장률을 보였다. 하지만 이들 국가들이 금융위기를 맞이하여 심각한 통화불안정을 겪는 취약성을 경험한 후, 유로존 가입을 긍정적으로 검토하는 입장을 보이고 있다. 유로존의 확대는 유로화가 기축통화가 되는 시점을 앞당기게 될 것이다. 따라서 우리로서는 외환보유정책의 변화를 고려해야 할 시점을 맞이하고 있다.

한국과 유럽연합은 기본협력협정을 개정하여 경제 이외에 전방위 협력을 상호 약속하였고, 양자간의 관계를 전략적 동반자관계로 격상하였다. 유럽연합은 전략적 동반자 지위를 부여하는 데에 있어서 까다로운 편이다. 한국은 유럽연합의 8번째 전략적 동반자가 되었다. 이로써 한국은 미국을 동맹국으로, 유럽을 전략적 동반자로 삼는 대서방 외교시대를 열게 되었다.

유럽연합은 한국과 함께 민주주의, 인권, 지구환경 등 보편적 가치를 공유하고 실천하기를 원한다. 즉, 한국과 가치공동체를 형성하려는 것이다. 그러므로 한국은 유럽연합의 기대에 걸맞는 협력관계를 구축할 필요가 있다. 외교안보 분야에서는 대량살상무기의 비확산, 테러리즘에 대한 공동대응, 내무사법 분야에서는 조직범죄와 자금세탁 방지, 환경 분야에서는 온실가스의 감축과 지속가능한 발전의 추진 등이다.

이러한 관점에서 한국과 유럽의 전략적 목표는 중국과 북한이다. 유럽연합은 규범강국에 기반한 대외정책을 펴고 있다. 주권국가들이 외교정책의 목표를 국익추구에서 찾는 것과 달리, 초국가기구인 유럽연합은 보편적 규범의 실천을 더 강조하고 있다. 유럽연합은 중국과 활발한 교류를 하고 있으나, 중국내의 인권문제로 인하여 협력의 질적 격상이 어렵고, 양자간의 FTA 체결도 요원한 실정이다.

유럽연합의 중국정책에서 한국이 중요한 역할을 차지하고 있다. 유럽연합은 한국의 협조를 통해 중국을 움직일 수 있다고 생각한다. 일본과 함께 한국도 환경, 자유교역, 인권 등에서 선진적 발전모델을 제시하면 중국이 변화할 것이라고 보는 것이다. 유럽연합은 대북정책에서도 규범을 강조하고 있다. 북한의 민주주의, 인권, 핵 문제에 대하여 적극적인 대응자세를 보이고 있다. 북한의 핵 실험을 가장 먼저 비판하였고, 유엔인권위원회에서 대북결의안을 주도적으로 발의하고 있다. 그러므로 우리는 유럽연합이 북한에 대하여 가장 큰 관심을 보이는 인권개선과 인도적 지원을 연계하여 북한을 움직이는 공조체제를 구축할 필요가 있다.

---

* JPI PeaceNet 4호 2010년 3월 2일 국문 발간

미·중 인권대화와 동아시아 인권문제의 전망

이성우
제주평화연구원

▌문제의 제기: 미·중 인권대화의 중요성

미국-중국 인권대화(US-China Human Rights Dialogue)가 13일 이틀간의 일정으로 워싱턴에서 비공개로 개최되었다. 국제관계에서 인권문제는 우선순위에서 안보와 경제 다음으로 언급되는 제3순위의 주제로 취급되어 왔지만 글로벌 국가로 국제관계의 면모를 일신하려는 중국의 입장에서 대외관계 발전에 충분조건으로서 검토되어야 하는 점도 사실이다. 이번 미·중 인권대화를 계기로 국제관계에서 인권문제의 의미를 살펴보고 동아시아에서 인권정책과 국제정치의 상호관계를 조망하고자 한다.

미·중 인권대화는 2004년 3월에도 개최되었으나 미국이 유엔인권

위원회 연례회의에서 중국의 인권 실태를 비난하는 결의안을 제출하자 중국이 반발하면서 중단됐다. 2008년에는 8월 베이징 올림픽을 앞둔 시점에 국제인권운동가들은 중국이 반체제인사를 투옥하는 등 인권탄압을 하고 있다고 주장하자 중국 정부는 서방 인권단체들의 올림픽 보이콧이나 시위 움직임을 사전에 차단하려는 전략의 일환으로 5월에 미·중 인권대화를 재개하였다. 인권문제에 관해서 중국에 대한 국제사회의 부정적 움직임에 대하여 중국은 적극적인 자세를 취한다. 2008년 2월 양제츠 중국 외교부장은 콘돌리자 라이스 미 국무장관이 중국을 방문했을 때, 중국은 상호 존중, 평등, 내정불간섭의 원칙 아래 인권 문제에 대해 다른 국가들과 의견을 교환할 용의가 있음을 밝힘으로서 회담이 성사되었다.

이번 미·중 인권대화는 2008년 5월 이후 2년 만에 재개되는데, 이번 회의도 당초 2월에 개최될 예정이었으나 미국의 대만에 대한 무기 판매와 오바마 대통령이 티벳의 종교지도자 달라이 라마와 면담을 이유로 중국이 항의하면서 연기되었다가 미·중 전략대화를 앞두고 개최되었다.

▎2010 미·중 인권대화의 주요의제

2010년 인권대화에 미국은 국무성을 비롯하여 법무성, 국토안보부, 노동성, 상무성, 국세청, 미국무역대표부가 참석하였고, 중국은 첸슈 외교부 장관을 비롯하여 사법부, 보안부, 국가행정부, 종교부, 대법원에서 대표가 참석하여 종교의 자유, 노동자의 권리, 표현의 자유, 법치주의, 인종차별, 다자협력에 대해서 논의하였고 개별 사례에 대해서도 논의하였다. 이런 점에서 미·중 인권대화는 범위 면에서 포괄적인 접근을 시도했다고 할 수 있지만 결과 면에서는 여전히 논란의 여지가 있는 것으로 평가된다.

미국 국무부의 마이클 포스너(Michael Posner) 민주·인권·노동 담당 차관보는 브리핑을 통해 미·중 인권대화에서는 양국간 인권문제에 대하여 포괄적인 차원에서 아이디어 교환이 이루어졌고 이에 의의를 두고 있다고 밝혔다. 이러한 평가 자체가 미·중 인권대화는 가시적 합의 도출과 중국내 인권상황의 실질적 개선보다는 회담 자체에 의미를 두는 것이다. 미국이 제기한 중국내 인권 문제는 (1) 인터넷의 자유와 검열과 연계하여 중국에서 철수한 구글 문제, (2) 종교의 자유와 관련하여 티벳, 신장, 그리고 위구르 지역문제와 달라이 라마 문제를 제기하였다. (3) 표현의 자유와 관련하여 중국내 파룬궁 문제에 대해 논의하였다. (4) 이 밖에도 미국으로 수입되는 중국산 음식의 안전문제에 대해서 논의한 것으로 알려졌다.

미국은 또한 인권침해에 대한 개별사례도 언급하였다. 파룬궁 회원으로 투옥된 인권변호사 가오즈성과 관련하여 형사피의자의 권리와 적법절차에 대한 권리의 문제를 제기하였다. 그렇지만 이 밖에 류샤오보 변호사나 인권운동가인 후자(胡佳)에 대한 논의가 있었는지 여부와 가오즈성을 포함한 반체제 인권운동가들의 현재 위치파악이나 양심수 현황과 같은 민감한 문제는 직접적 언급을 회피한 것으로 알려졌다.

우리나라와 직접적인 관련이 있는 중국내 북한 난민문제에 대해서
는 미국은 원론적 차원에서 북한, 캄보디아, 버마가 관련된 난민문
제와 이들의 보호에 대한 논의가 지속되어야 함을 언급했다. 탈북
자의 인권 문제가 이번 인권대화에서 다뤄졌지만 중국내 탈북자의
강제북송 중단과 난민 인정 등 탈북자의 지위와 관련한 인권 문제는
이번 대화에서 특별히 거론되지 않았다.

한편 미국과 인권문제를 논의할 때 수세에 있는 중국은 공세차원에
서 미국에 대해 애리조나주 이민법과 관련하여 미국 정부에 의한 소
수민족에 대한 인종차별과 잠재적 인종차별에 대해서 문제를 제기
하였다.

▌2010 미 · 중 인권대화의 의의와 정책적 함의

이번 미 · 중 인권대화에 대한 미국 정부의 평가는 대체로 긍정적이
다. 인권대화를 통해 가장 많은 진전을 이룬 분야로 사법부의 독립,
법의 지배, 국선변호제도의 필요성에 대해 중국 측의 이해의 폭이
진전된 것을 들고 있다. 그러나 중국의 사법제도에 현실적으로 반
영될 수 있는지는 여전히 의문이다. 과거의 미 · 중 인권대화가 중단
된 사례에 비추어 이번 대화를 통해 미국은 중국의 인권문제와 관련
하여 유엔인권위원회의 결의안에 의제를 회부할 의사가 없다는 점
도 밝혔다. 이 점은 회담 자체의 진전을 의미하는 것으로 해석될 수
있다. 또 중국의 인권대화에 대한 긍정적 의지도 어느 정도 나타난
것으로 파악된다. 미 · 중 인권대화의 정례화에 대해서는 내년에 개

최하는 데 합의했으나 시기는 확정하지 않았으며, 정기적으로 논의할 필요성에 대해서는 동감한다는 답변을 제시했다.

미·중 인권대화에 대한 민간 인권단체의 평가는 대체로 부정적이다. 회의 자체가 비공개였기 때문에 대화의 내용자체가 투명하지 않았다는 점에 대해서 문제를 제기하면서 앞으로도 가시적인 변화를 기대하기 어렵다는 부정적 평가를 제시하고 있다. 반면 미국 정부는 미국과 중국 양국의 많은 차이점에도 불구하고 논의를 통해서 이러한 차이를 좁혀나갈 수 있음을 강조했다.

2010 미·중 인권대화의 배경과 관련해서 미국 정부는 이달 말 베이징에서 열릴 미·중 전략대화와 별도로 진행되는 것이라고 설명하고 있다. 전략경제대화의 핵심은 장단기의 전략적 및 경제적 이해관계에 대한 쌍무적, 지역적, 그리고 세계적 범위에서 양국이 직면하는 도전과 기회를 논의하기 위한 것이다. 이러한 점에서 인권문제와 무관하다고 주장하지만 현실은 이와 다르다. 중국 입장에서는 전략대화를 앞두고 미국과 인권대화를 회피할 수 없는 입장이고, 미국은 중국의 인권상황을 매몰차게 일방적으로 몰아붙이기 힘든 것이 정치적 현실이다. 이런 상황에서 국제적인 인권전문가들은 전략대화와 인권대화를 분리하는 것이 적절한 대응이 아니라고 주장하며 미국의 보다 적극적인 대처를 요구한다. 미국 내 인권단체들은 미국 정부가 북한, 이란, 기후변화 등 외교, 안보, 글로벌 이슈 분야에서 중국의 지지를 얻어내기 위해 중국 내 인권탄압을 무시했다고 비난해왔는데, 이는 일정 정도 타당성을 가지는 건전한 비판이다.

국제관계에서 인권의 문제는 지난 30년 동안 현저한 진보를 경험하였다. 1970년대 후반 미국의 지미 카터 대통령이 인권외교를 주장했을 당시, 인권 문제는 국내정치 문제라는 이유로 다른 국가의 인권문제에 대한 언급은 주권국가의 내정간섭으로 비난받기도 하였다. 탈냉전의 국제질서의 변화와 민주주의 평화이론이라는 가치관의 변화는 인간안보라는 새로운 개념을 도출하게 되었고, 인권이라는 인류보편의 가치가 절대적인 기준이 되고 국가의 주권은 상대적 중요성을 받는 상황이 되었다. 가치관의 발전에도 불구하고 중국과 같은 인권 침해국가는 국내인권 문제에 대한 언급을 심각한 내정간섭이라고 반발하고 있다는 점에서 조심스러운 접근이 필요하다.

이번 미·중 인권대화를 계기로 중국의 인권문제를 다루어 나가는 전략적 방안을 고려해 보고 이를 통해 우리의 주변국 인권정책도 고찰해볼 수 있다.

(1) 중국의 인권상황이 극적으로 개선되지 않는 한 중국의 인권문제가 미중관계의 진전에 충분조건이라는 인식을 확산시켜서 미중관계에서 인권문제는 항상 제기될 수 있음을 기정사실화 할 필요가 있다. 이는 미중 간의 인권대화의 현실적 정례화를 의미하는 것이다.

(2) 중국과 미국의 관계에서 인권문제를 언급할 때, 중국 내 인권문제에 대한 언급의 범위와 강도를 조절해야 하는데 중국이 인권논의를 거부할 수 없는 한에서 인권문제를 지속적으로 언급해야 한다. 인권문제에 있어서, 중국이 거부할 수 없고 지속적으로 대화와 협력을 제공해야 하는 의제를 설정하고 전략적으로 접근해야 한다. 이

를테면 달라이 라마, 가오즈성, 또는 류샤오보와 같은 개인을 상정한 인권문제의 제기보다는 법의 지배, 표현의 자유와 같은 원칙의 문제를 제기해야 인권문제를 장기적으로 논의할 수 있고 중국의 협조를 유도할 수 있다.

(3) 인권 선진국인 미국에게 있어 중국인권 문제에는 이중적 접근이 필요하다. 우선 중국의 인권문제의 제기가 미국의 외교정책 목표를 달성하기 위한 정책수단이라는 인식을 불식시켜야 한다. 중국에 대한 미국의 인권외교 중 문제가 되는 부분은 노동자 인권, 무역장벽, 인터넷 기업의 경제활동, 중국산 음식물의 안전과 같이 중국 시장에서 경제적 이익과 관련되어 있다는 점에서 신중한 전략적 접근이 필요하다. 다만 중국이 미국에 대한 이익과 관련한 경우에는 전략적으로 인권문제와 연계하는 방안을 선택하는 것은 적절한 시도라고 볼 수 있다.

(4) 앞에서 제기한 전략적 고려를 충족시키기 위해서 우선 고려되어야 하는 것은 미국이 제기하는 중국의 인권문제에 대한 목표와 원칙의 설정과 이를 명확하게 중국에게 전달하는 것이다. 인권상황의 개선에 대한 정확한 목표를 제시함으로써 중국이 미국과 인권문제에 대한 대화를 한다는 절차적 수단으로 활용하는 것이 아니라 구체적으로 인권상황을 개선할 의지를 보여주는 장으로 인권대화를 활용해야 한다.

미·중 인권대화의 진전은 장기적으로 동아시아에 인권문제의 중요성을 재평가하는 지렛대가 될 것이라는 점에서 상대적으로 인권

문제가 등한시되어 온 동아시아에 중요한 전기가 될 수 있다. 동아
시아 공동체 구성을 위한 주변국들의 이질적 가치를 극복하는 출발
점이 된다는 점에서 미·중 인권대화에 기대를 걸어야 한다. 미국과
중국이 인권대화를 지속하는 국제정세가 동아시아에서 지속될 때,
우리나라도 탈북자 인권문제나 북한동포 인권문제를 포함하여 북
한이나 중국에 대해 정책 수단을 확보할 수 있다 하겠다.

---

* JPI PeaceNet 15호 2010년 6월 15일 국문 발간

유로존의 경제위기와
동아시아 통화협력의 미래

채희율
경기대학교

▎유로존 경제위기의 전개

2010년에 들어와 국제금융시장은 글로벌 금융위기의 충격에서 벗어나 안정을 찾아가는 듯 했으나 그리스와 포르투갈 등 일부 남유럽 국가들의 재정위기로 인해 다시 크게 출렁거렸다. 이들의 경제규모가 그다지 크지 않음에도 불구하고 국제금융시장이 동요한 것은 이 국가들에 대한 유럽 중심국 금융기관의 채권 규모가 작지 않다는 사실 외에도 주요 통화 대비 유로화 가치의 급락에서 드러나듯이 유로화와 유로존의 지속가능성에 대해 강한 의구심이 제기되었기 때문이다.

이에 유로존 정상들은 그리스에 대한 구제금융안을 발표하고 유로존의 안정성을 확보하기 위해 모든 수단을 동원할 것을 천명하는 등 적극적으로 대응하였다. 물론 유로존 차원의 공동대책 마련이 순조롭게만 진전된 것은 아니었다. 프랑스와 이탈리아는 그리스 지원을 유로존 스스로 해결해야 한다고 주장한 반면 독일, 스웨덴, 핀란드 등은 IMF의 참여를 전제로 지원할 것을 주장하였다. 결국 유로지역이 지원금의 3분의 2를 부담하고 IMF가 나머지 3분의 1을 지원하는 방식이 채택됨으로써 독일 등의 주장이 관철된 것으로 결론이 났다.

유로존의 지원 노력에 힘입어 유로존 경제는 최근 다소 안정세를 찾은 듯하고 유로화 가치도 반등하였으나 일부 국가들의 국가위험은 여전히 높으며 현재 잠복해 있는 위기 상황이 언제든지 다시 수면 위로 부상할 수 있을 것으로 보인다. 특히 독일, 프랑스 등 유로존의 중심 국가에서 경기 회복이 전망되고 있는 것과는 달리 그리스, 스페인, 포르투갈 등 남유럽 국가들의 경기 전망은 여전히 불투명한 것으로 나타나고 있어 이들 국가의 경제위기가 구조적으로 고착화될 가능성이 높은 것으로 우려된다.

▌유로존 경제위기의 원인

이번 유로존 경제위기의 중요한 원인으로는 남유럽 국가들의 방만한 재정 운용과 과도한 복지 지출 등 대내적 요인 외에도 단일통화권 형성과정의 태생적 한계도 지적되고 있다. 지난 60년간 지속되어 온 유럽경제통합의 심화와 확대 과정에는 경제적 논리와 정치적 고려가 공히 중요한 추동력으로 작용해 왔다. 1951년 유럽석탄철강

공동체의 탄생은 경제적 결속체가 지역 내 평화 유지에 중요한 수단으로 작용하리라는 기대가 작용한 결과였으며, 그 이후 유럽경제공동체와 유럽통화제도의 출범, 그리고 남북 유럽국가 및 중동부 유럽 국가로의 통합 외연의 확대 과정에서 모두 정치적 결속의 강화가 중요한 동인으로 작용하였다. 유로화의 출범에 있어서도 마찬가지였다.

단일통화권의 형성은 역내 교역과 인적 교류를 활성화시키고 통화의 국제적 사용을 촉진하는 등 장점이 있으나 회원국 차원의 통화정책 및 환율정책 수단이 없어짐에 따라 일국 차원의 경기침체나 경상수지 등 경제적 불균형을 시정하기가 매우 어렵다는 문제점이 있다. 따라서 이러한 문제점을 최소화하기 위해서는 경기 사이클이 유사하고, 산업경쟁력에 큰 격차가 없으며, 건전한 거시경제 기초여건을 지닌 국가 간에 단일통화가 채택되어야 한다. 유럽에서도 이러한 점을 감안하여 마스트리히트 조약에서 상당히 엄격한 경제수렴조건을 제시하고 그 조건을 충족하는 국가들만 유로존에 가입할 수있도록 하였었다. 그러나 실제 그러한 조건을 충족하는 국가가 일부 국가에 머무르자 정치적 결속이 보다 중요하다는 분위기가 형성되면서 유로존 가입을 원했던 대부분 국가가 1999년 유럽통화동맹의 출범에 동참할 수 있었다. 그리스의 경우 워낙 재정적자와 국가채무가 기준에 미달하여 가입이 유보되었으나 그리스가 통계를 조작한 데다가 정치적 고려가 작용하여 2001년에 유로존에 가입할 수있었다.

이와 같이 경제적 측면에서 부적절한 파트너들이 정치적 고려에 의해 다수 통화통합에 참여하게 된 것이 유로존의 태생적 한계였다고 할 수 있다. 그 결과 산업경쟁력이 취약한 남유럽 국가들을 중심으로 역내 경상수지 적자가 심화되었다. 전세계적 호황기에는 이들 국가들도 높은 성장세를 유지하면서 구조적 문제점이 부각되지 않았다. 그러나 2008년 글로벌금융위기를 맞아 유일한 정책수단인 재정정책에 의존하면서, 재정수지가 악화되고 대외채무가 증가하는 등 재정위기가 표면화되었다.

▎동아시아 통화협력에 대한 시사점

동아시아 지역은 현재 통화 헤게모니를 쥐고 있는 통화가 없으며, 미달러화가 표시, 결제, 가치저장 등 국제통화의 모든 기능에서 절대적인 우위를 점하고 있다. 그러나 중국 경제의 위상이 하루가 다르게 커지면서 향후 20년 내지 30년 후에는 중국 위안화가 지역적 기축통화로 부상할 가능성이 점쳐지고 있다. 물론 당장은 중국 경제의 불투명성과 폐쇄성, 중국 자본시장의 미발달 등으로 인해 위안화의 국제통화로서의 부상 가능성이 낮은 실정이다. 하지만 향후 중국이 자본시장을 개방하고 투명한 경제정책체계를 확립한다면, 위안화는 중국경제의 급속한 성장과 역내 교역의 높은 대중국 의존도에 힘입어 동아시아 지역에서 가장 중요한 역할을 하는 통화로 부상할 수 있을 것이다. 특히 최근 중국이 자국 통화의 국제화를 위한 조치들을 추진하고 있음을 감안할 때 중국 위안화의 헤게모니 획득을 아주 먼 장래의 일로만 치부할 수는 없을 것이다.

만약 위안화가 지역 기축통화가 된다면 지역 내 국가들의 중국 경제에 대한 의존도가 실물뿐 아니라 통화·금융부문으로까지 확대되면서 더욱 심화될 것이다. 이는 정치적으로 바람직하지 않을 뿐만 아니라 개별국이 통화주권을 상실하게 되며, 중국경제가 불안할 때 받게 되는 영향이 증폭된다는 문제가 있다. 따라서 이러한 상황보다는 역내 국가들 간 통화협력을 통해 궁극적으로 제3의 단일통화를 창출하는 방안이 바람직할 것이다. 중국도 현재는 미국으로부터의 환율절상 압력에 직면해 있는 만큼 역내 통화협력에 부정적인 것만은 아니라는 점에서 중국을 통화협력의 장으로 끌어들일 수 있는 여지가 존재한다.

그러나 문제는 어떠한 국가들이 통화협력의 한 배에 탈 수 있는가라는 문제가 제기된다. 유럽의 사례에서 보았듯이 정치적인 고려가 지나치게 강하게 작용해 통화협력의 대상을 예를 들어, ASEAN+3 국가 전체로 확대한다면 궁극적으로 그렇게 형성될 통화블럭은 취약할 수밖에 없을 것이다. 이러한 점을 감안할 때 향후 동아시아의 통화협력은 경제발전단계가 유사하고 투명한 정책과 통계시스템을 지닌 국가들을 우선 고려 대상으로 해서 추진하는 것이 바람직해 보인다. 그러나 경제적 요인들만 고려할 때 동아시아 국가들 간 경기와 환율이 상당히 비대칭적으로 움직이고 산업경쟁력이 상이한 상황에서 통화협력의 대상국은 매우 한정될 수밖에 없다. 더욱이 동아시아 통화협력의 주된 목적이 중국의 장래 헤게모니에 대한 견제임을 감안할 때 소수국가만의 통화협력, 특히 중국을 제외한 협력은 그러한 목적 달성에 부합하지 않는 측면이 있다. 따라서 향후의 동아시아 통화협력은 정치적 측면과 경제적 측면의 적절한 균형을 유지하면서 추진될 필요가 있을 것이다.

마지막으로 이번 유럽경제의 위기가 통화통합의 부정적인 측면만을 부각하고 있는 것은 아니라고 본다. 그리스나 포르투갈은 재정위기를 겪었지만 외화유동성 위기는 겪지 않았다. 그 이유는 자국통화가 유로화라는 국제통화였기 때문이다. 반면 한국은 재정 등 거시경제 기초여건이 우수했음에도 불구하고 외화유동성 문제에 직면했다. 만약 동아시아 단일통화가 출범해서 국제통화로 자리 잡게 된다면 건실한 경제운용을 하면서 산업경쟁력이 있는 한국과 같은 나라는 지금보다도 더 안정적인 위기대응태세를 구축할 수 있을 것이다.

* JPI PeaceNet 22호 2010년 9월 3일 국문 발간

자연재해와 국제협력

하규만
인제대학원대학교

최근에 발생한 아이티 지진, 파키스탄 풍수해 등에서 알 수 있듯이 대규모 자연재해는 그 피해가 거대한 지역에 미치기 때문에 재해관리를 위해서 국제협력이 반드시 필요하다. 예를 들어서, 태풍이 특정국을 강타하는 경우에 다수의 주변국에도 비슷한 피해가 발생하기 때문에 자연재해의 발생 이전, 발생 기간 중, 그리고 발생 이후에도 국제협력을 추진할 필요가 있다.

자연재해 관리는 민간단체에서 시도하는 경우도 있지만 그 성격상 공공재이기 때문에 국가기관에서 총괄적인 책임을 맡고 있다. 우리나라의 경우에는 행정안전부 산하의 소방방재청이 관련된 업무를 총괄하고 있다. 소방방재청이 2004년 6월에 설립될 즈음에는 국제협력 업무가 매우 미비하였다. 어느 조직이든 설립 초창기에는 국제협력보다는 국내적 역량강화에 집중을 하기 때문이다. 그러나 6년이 지난 지금 우리나라는 소방방재청이 주축이 되어 외교통상부가 협조하는 가운데 자연재해와 관련한 국제적 교류를 활발히 하고 있다. 예를 들면, 최근에 소방방재청은 중국 쓰촨성 지진복구에 원조팀을 파견하였고, '제4차 유엔 재해경감 아시아 각료회의'를 국내에 유치하는 등 활발한 활동을 보이고 있다. 자연재해와 관련하여 우리 정부가 국제사회에 기부하는 액수도, 우리의 경제위상에 비해 아직도 미비하다는 국제사회의 평가도 있지만 그래도 최근에는 많은 증가를 하고 있는 상황이다. 이와 같은 활동과 노력에도 불구하고 자연재해와 국제협력에 관련하여 우리 정부는, 특히 소방방재청은 다수의 문제점을 보이고 있다. 그 중에서 거시적 차원의 문제를 다섯 가지를 소개하고 해결책을 제시해 보겠다.

첫째, 자연재해와 관련하여 우리나라는 주로 아시아 국가들과 협력을 시도하고 있다. 예를 들어서, 소방방재청은 중국, 몽골, 일본, 동남아시아에 위치한 국가들과 국제협력을 서두르고 있다. 최근에 자연재해의 피해가 직접 발생하였던 중국과 몽골의 경우에 소방방재청은 지원팀을 파견하였고, 현장에서 재난복구를 시도하였다. 중국의 경우에는 지진 발생 후에 구조구급팀을 파견하였고, 몽골의 경우에는 황사현상을 감소시키는 노력을 공동으로 기울였다. 자연재해가 직접적으로 발생하지 않는 이웃국가들과도 평상시에 합동세미나, 공동회의, 재난관리자 훈련, 재난관리 관련자 초청 등을 통하여 국제협력을 시도하고 있다.

이러한 경우에 이웃한 국가들과는 국제협력상 큰 문제가 발생하지 않고 있다. 국제협력에 동참한 이웃한 국가들은 우리나라의 원조에 대하여 감사를 표시하고 있기 때문이다. 그러나 우리나라는 멀리 위치한 국가들과의 국제협력을 소홀히 여기는 경향을 보이고 있다. 예를 들어서, 최근에 아이티와 칠레에서 치명적인 지진피해가 발생하였는데 기부액을 포함한 우리의 국제협력이 미비한 것으로 지적되고 있다. 우리나라와는 달리 중국의 경우에는 아이티 공항에 비행기가 착륙하기 어려웠음에도 불구하고 대규모의 원조팀을 파견하면서 국제협력을 시도하였다. 당연히 아이티와 특히 미국의 언론에서 중국의 원조를 칭송하기에 이르렀다. 이러한 관점에서 앞으로 멀리 위치한 국가들에게도 국제협력을 시도해야 할 것이다. 왜냐하면 그것이 장기적 관점에서 재난관리 측면뿐만 아니리 국가차원의 실익 확장에 기초가 되어서 긍정적 파급효과를 가져오기 때문이다.

둘째, 우리나라는 자연재해와 관련한 국제협력을 시도하는 경우에 주로 정부기관 및 정부 인사들이 주축이 되어서 활동을 전개하고 있다. 예를 들어, 소방방재청이 자연재해에 관련한 국제협력을 하는 경우를 분석해 보면 거의가 공무원 위주로 활동이 전개되고 있다. 간헐적으로 민간인이 동반되는 경우가 있지만 이러한 경우는 민간인이 개인적으로 그리고 자기조직의 재정지원으로 공무원들과 형식적으로만 동반하여 국제협력을 하는 경우이다.

민간기관이나 민간인들은 업무수행능력에 한계가 있기 때문에 자연재해와 관련된 국제협력을 시도하는 데 매우 큰 장애를 가지고 있다. 특히 국제협력은 경비가 비교적 많이 들기 때문에 작은 규모의 민간단체가 시도하기에는 어려움이 많은 것이 사실이다. 그러나 이들 중에서도 인류애에 기초하여 국제협력을 하고자 하는 열망을 가진 단체와 개인들이 많이 존재하고 있다. 특히 우리의 1인당 국민소득이 2만 불을 상회하는 요즘에는 이러한 국제협력 희망자들이 더욱 늘어나고 있다. 이러한 사실에 기초하여 우리 정부는 국제협력을 시도하는 경우에 정부기관뿐만 아니라 민간단체와 함께 국제협력을 시도해야 할 것이다. 특히 한국 적십자사나 기타 중요한 NGO의 경우에는 전 세계적으로 거대한 조직을 보유하고 있기 때문에 이러한 민간단체들과 함께 국제협력을 시도하는 것이 정부의 목적달성에 보다 용이할 것이다.

셋째, 우리나라는 국제협력을 시도하는 경우에 현직에 있는 인적자원만 활용하는 경향을 보이고 있다. 예를 들어서 주변국가 및 기타 지역의 국가들과 국제협력을 시도하는 경우에 거의 모든 인원들이 현직에 종사하는 사람들로 구성이 되었다. 인적자원 활용의 폭이 매우 좁은 경우이다.

이러한 경우에 현직에서 물러났지만 국제적으로 중량감이 높은 인사를 동반하여 국제협력을 시도하는 것이 바람직하다. 왜냐하면 퇴직인사들도 국제사회에 공헌하고 싶어 하는 열망을 가지고 있으며, 특히 국제사회에서 여전히 영향력을 보유하고 있는 인사는 우리 나라의 국제협력 효과를 배가시킬 수 있기 때문이다. 구체적으로 전임 대통령, 전임 국무총리, 전임 국회의장, 전임 대법원장 등을 활용하는 국제협력을 시도할 필요가 있다. 이들은 현직에서 물러났지만 전직 정치인 및 고위공무원으로서 국제사회에서 여전히 잠재적인 영향력을 지니고 있다. 미국의 경우에 국제적으로 재난이 발생하였을 경우에 전임 대통령을 활용하는 경우가 매우 빈번하다. 이러한 점을 고려하여 소방방재청은 급박한 자연재해가 발생하는 경우에 특히 전임 대통령을 효과적으로 활용하는 방안을 마련해야 할 것이다.

넷째, 소방방재청의 경우 형식적으로나 실질적으로 이웃한 국가들과 국제협력은 서두르고 있으나 북한과의 국제협력은 거의 없는 것이 현실정이다. 북한과의 협력은 통일부가 총괄하고 있기 때문이다. 그러나 대부분의 자연재해는 남한에서 발생하는 경우에 북한에서도 발생하여 큰 피해를 야기시키고 있다. 하지만 북한과의 국제협력은 거의 없는 설정이다.

여러 가지 정치적 이유로 인하여 자연재해에 관하여 북한과의 국제협력이 불가능하다고 하더라도 정부는, 특히 소방방재청은 미래지향적인 차원에서 북한의 자연재해에 관하여 최소한 관련연구를 시도하는 것이 필요할 것이다. 이러한 연구결과는 통일이 되는 경우를 대비해서라도 필요한 지식자원이 될 것이다. 북한 자연재해 연구를 전담하는 팀을 새롭게 두기보다는 기존인력과 조직으로 하여금 지금 하고 있는 연구에서 북한과의 연계성도 고려하는 연구를 하게끔 해야 할 것이다. 그것이 국제협력의 차원에서 미래지향적인 효과를 도출할 수 있을 것이다.

다섯째, 우리나라가 외국에서 자연재해에 관련된 원조를 시도하는 경우에 언론매체가 이것을 보도하고 있지만 거의가 국내의 언론매체이다. 이는 국민의 세금으로 시도되는 국제협력이 안방잔치로만 끝나는 경우이다. 자연재해와 관련하여 국제협력을 시도하는 목적은 인류애에 기초하여 인명과 재산상의 손실을 감소시키려는 것이다. 하지만 다른 측면에서는 국제협력을 통하여 우리나라의 위상을 강화하려는 의도도 분명하게 존재하고 있다. 따라서 국내홍보용으로만 시도되는 국제협력은 재고할 필요가 있다.

우리 정부는 자연재해가 발생하는 지역에서 국제협력을 시도하면서 국가를 홍보하는 전략을 대폭적으로 강화해야만 할 것이다. 아이티에 지진이 발생하였던 경우에 중국은 원조팀이 아이티 공항에 도착하자마자 대형 오성기를 선두에서 들고 나가면서 아이티 원조의 구호를 외친 것으로 외신이 보도하고 있다. 또한 아이티 원조의 가장 큰 축을 담당한 미국의 경우에는 모든 주요방송사들이 아이티로 옮겨와 뉴스 프로그램을 진행하면서 미국 정부의 원조노력을 전하기도 하였다. 현재에도 파키스탄에 대규모 홍수복구를 시도하면서 미국홍보를 노리고 있다. 우리 정부도 중국과 미국의 이러한 전략을 분석하여 외국에서 자연재해가 발생하는 경우에 보다 적극적으로 우리의 노력을 국제적으로 알리려는 전략을 강화해야만 할 것이다. 이러한 전략은 소방방재청의 노력은 물론이고 외교통상부, 외국 언론사와의 사전협의에 기초해야만 가능할 것이다.

---

* JPI PeaceNet 23호 2010년 9월 6일 국문 발간

G30의 부상과 새로운 세계금융질서의 모색

이상환
한국외국어대학교

글로벌 금융위기 이후 새로운 금융·경제 질서의 탄생을 알리게 될 G20 서울 정상회의가 한두 달 앞으로 다가오고 있다. 국제경제협력을 위한 정상 모임인 G20 회의의 최우선 과제인 지속가능한 균형성장의 정책적 방향이 이번 서울 회의에서 윤곽을 드러낼 전망이다. 지난 6월 토론토 회의에서 G20 정상들은 은행 건전성 규제를 강화하기 위한 자본과 유동성에 대한 새로운 국제기준과, 국제통화기금(IMF)을 비롯한 국제금융기구의 개혁 방안을 서울 회의에서 논의하기로 한 바 있다.

G20은 글로벌 금융위기 극복을 위해 선진국 모임인 G7의 대안으로 생겨난 것으로 세계경제를 다루는 사실상 최고의 협의체이다. G7의 출범을 촉발한 원인은 1970년대 초의 제1차 석유파동과 이로 인한

국제경제의 불안정이었다. 당시 이러한 불안정의 보다 근본적인 원인은 브레튼우즈 체제(Bretton-Woods system)의 붕괴 즉, 변동환율제의 등장이었다.

G20은 출범 당시부터 금융 위기와 밀접한 관련을 지니고 있었다. 1997년 동아시아 외환·금융 위기는 한국을 포함한 아시아 각국은 물론 전 세계 경제를 혼란으로 몰고 간 사건이었다. 세계화의 결과 신흥공업국의 금융 위기가 선진국의 금융 불안을 초래할 수 있다는 것을 경험한 주요 선진국이 향후 이러한 사태의 재발 방지를 위해 신흥공업국과 협력 체제를 모색하게 된 것이다. 결국 1999년 12월 제1차 G20 재무장관 및 중앙은행총재 회의가 베를린에서 개최된 것을 계기로 G20 체제가 모습을 드러내게 된 것이다.

G20은 주요 선진국 그룹인 G7(미국, 영국, 프랑스, 독일, 이탈리아, 일본, 캐나다) 및 유럽연합(EU) 대표부를 중심으로 브릭스(BRICs; 브라질, 러시아, 인도, 중국) 4개국과 지역별 주요 신흥공업국인 한국, 인도네시아, 아르헨티나, 멕시코, 터키, 호주, 남아프리카공화국, 사우디아라비아 등 8개국을 포함한 20개 회원국을 가진 명실상부 세계 주요 경제지도국의 모임인 것이다. 오늘날 세계 GDP에서 차지하는 G20의 비율이 약 85%에 달하며, 그 인구도 세계인구의 2/3를 차지한다는 점에서 G20의 영향력과 대표성은 두말할 나위가 없다. 특히 신흥공업국이 새로운 세계금융질서를 모색함에 있어 수동적인 위치에서 벗어나 능동적인 위치를 확보하게 되었다는 점에서 큰 의미가 있다고 할 수 있다.

G7 체제에서 G20 체제로의 변화는 글로벌 경제위기와 국가 간 경제력 분포의 변화에 따른 자연스러운 결과라고 할 수 있다. 아직 정착된 제도는 아니나 경제적 대표성을 갖고 있다는 점에서 그 효과성만 확보할 수 있다면 제도화가 가능한 것이다. 문제는 국익의 견지에서 다양한 입장을 갖고 있는 회원국 간 합의를 이루고 이에 대한 실행을 담보할 수단을 강구하기가 쉽지 않다는 한계를 지니고 있다는 것이다.

앞으로 10년 뒤에는 세계경제에서 신흥공업국들이 차지하는 비중이 약 70%로 크게 확대될 것이라는 전망이 있다. G7을 대체하는 G20의 부상, 나아가 아프리카 국가 등 일부 빈곤국들을 포함하는 G30 주장이 부각되고 있다. 이제 글로벌 경제·금융 문제는 주요 선진국에 의해서 혹은 일부 신흥공업국을 포함하는 소수 국가군에서 의해서도 해결이 불가능하며, 일부 빈곤국까지 아우르는 G30에 의해서만 해결이 가능하다는 주장이 그것이다. 1970년대의 상황이 G7을 필요로 했고, 1990년대의 상황이 G20의 동인이 되었다면, 오늘날의 흐름은 G30의 도래를 예견하게 하고 있다.

기존 G20의 구성이 제1그룹(미국·캐나다·사우디아라비아·오스트레일리아), 제2그룹(러시아·인도·터키·남아프리카공화국), 제3그룹(브라질·아르헨티나·멕시코), 제4그룹(영국·프랑스·독일·이탈리아), 그리고 제5그룹(한국·일본·중국·인도네시아)으로 지역별 지도국(선진국+신흥공업국) 구도라면, 새로이 논의되고 있는 G30은 여기에 아프리카, 아시아, 중남미의 약소국(후발공업국+빈곤국)을 포함하는 사실상 전 세계적인 대표성을 확보하는 협의체가 되는 것이다. 이는 진정한 글로벌 거버넌스로 가는 과도기적 모습이라고 할 수 있다. 그동안 세계경제를 이끌어가는 중심은 그 효과성을 강조한 나머지 주요 선진국에 머물러왔다. 하지만 진정한 의미의 전 세계적 합의는 힘이 아닌 협상과 합의에 기초한 대표성이 확보되어야 한다는 점에서 G30 논의는 가치가 있는 것이다.

그렇다면 G30의 부상을 우리는 어떻게 받아들여야 하는가. G20의 의미를 말함에 있어 향후 세계 금융·경제 질서는 영미식 시장중심 체제가 쇠퇴하고 정부의 영향력이 강화될 것이라고 주장하는 목소리가 있다. 이로 인해 과거와 같은 지역별 광범위한 버블경제가 생성되기 힘들다고 한다. 이는 규제완화보다는 시장위험을 관리할 수 있는 시스템 구축이 먼저라는 주장에 근거한다. 즉, 규제완화의 순기능을 극대화하면서 이로 인한 시장위험은 철저하게 관리하고자 하는 정책적 입장인 것이다.

1978년에 결성된 세계 각국의 경제학자들과 정책입안자들 간의 기구인 Group of Thirty(G-30)가 2009년 초 발표한 '금융시스템 개선 보고서'는 은행 및 투자업무와 관련한 정부규제를 전폭적으로 늘리는 방안을 담고 있다. 이 보고서는 은행의 규모 제한, 경영진에 대한 보수 통제, 헤지펀드 규제, 소수 은행의 예금 집중 규제 등을 언급하고 있다. 각 금융기관의 규모를 작게 유지해 각 기관의 실패가 구조적 중요성을 갖지 않도록 하는 것이 그 취지인 것이다. 이는 은행과 유사한 형태를 지닌 모든 금융기관과 상품에 대한 규제 강화를 목표로 하고 있다.

조지 소로스는 금융개혁을 통해 글로벌 금융위기를 막을 수 있을지 여부에 대해 "시장은 완벽하지 않을 뿐 아니라 스스로 항상 균형을 찾아가는 게 아니기 때문에 늘 거품이 발생하게 마련"이라며 "감독당국이 시장 상황을 면밀히 파악해 적절한 시점에 경고음을 보내야 한다."고 말한 바 있다. 즉, 금융시장을 획일적으로 규제하는 것도 쉽지 않고 규제의 효과도 장담하기 어려우므로, 앞으로 획일적인 규제 확대보다는 금융시장의 구조적 특성에 상응하는 감독체계 강화를 중심으로 한 개혁에 초점을 맞추어야 한다는 것이다. 이를 위해 국가 간 협력이 더욱 요구되며 G20에서 한 걸음 더 나아간 G30으로의 확대가 기대되는 것이다.

미국발 금융위기 해결과정에서 선진국과 신흥공업국 간의 긴밀한 정책공조의 필요성에 따라 2008년 새로운 국제경제 협의체인 G20 정상회의가 태동하였다. 글로벌 금융위기를 극복하는 과정에서 선진국과 신흥산업국이 어깨를 나란히 하고 참여하게 된 이유는 한국, 중국, 인도 등 신흥공업국의 위상이 높아졌기 때문이다. 이제 국제사회의 일부 빈곤국을 포함하는 G30이 논의되고 있다. 진정한 글로벌 거버넌스의 출범을 눈앞에 둔 것이다.

---

* JPI PeaceNet 24호 2010년 9월 14일 국문 발간

미국의 대중국 인권정책

James MEERNIK
University of North Texas

미국 정부는 여러 해 동안 중국의 인권 실태를 개선하기 위해 꾸준히 노력해왔다. 그러나 민주당, 공화당, 대통령, 국회 등에서 기울인 노력에 비해 그 성과는 미미한 수준이다. 물론 이러한 노력마저 없었다면 중국의 인권은 지금보다 나아지지 않았을 뿐만 아니라, 중국의 주요 인권운동가 상당수가 석방되지 못한 채 여전히 감옥에 있었을 것이다. 그러나 1970년대 중미 간의 긴장이 완화되고, 특히 1989년 천안문사태가 발생한 이후, 미국의 노력과 강요에도 중국의 인권은 중국이 원하는 방향으로 변해갔다.

Cingrinelli와 Richards가 보고한 인권 보호와 관련한 다음의 〈도표 1〉을 통해 시대에 따라 변하는 중국의 인권 실태를 0~8등급으로 살펴볼 수 있다. 정치사범과 종교의 자유, 티베트의 권리, 가족계획 및

최혜국지위, WTO 회원자격 등의 정책 변화를 통해 지속적으로 중
국을 압박하고 있지만, 중국의 인권은 여전히 세계 최하위 수준을
맴돌고 있다. 중국의 인권을 개념화하거나 측정하려는 시도와 더불
어 현재, 미국이 취하고 있는 접근법만으로는 중국의 인권에 의미
있고 체계적인 변화를 불러오기는 쉽지 않다.

첫째, 무엇보다도 타국의 주권에 큰 영향을 미칠 수 있는 문제와 관
련하여 영향력을 발휘하려면 상당한 힘과 권력이 필요하다. 미국은
군사적인 패권은 물론 인접 국가와의 밀접한 관계와 지적 자본을 통
해 일부 정책에서 상당한 영향력을 가지고 있다. 그러나 역대 최고
수준의 부채가 발생하면서 중국에 대한 재정적인 의존도가 높아졌
기 때문에 중국이 양국 관계에서 유리한 패를 쥐고 있는 셈이 되었
다. 2010년 7월 기준으로 보면, 중국은 미국 채권을 8,460억 달러나
보유한 최대 채권국으로 나타났다(http://www.ustreas.gov/tic/mfh.txt).
또한, 중국에 수입 의존도가 높은 미국은 값싼 중국산 제품을 통해
미국 내 물가를 안정시키고 있다. 이처럼, 중국에 대한 의존도가 높
은 상황에서, 채무국인 미국이 중국의 민감한 문제들을 간섭하는 것
은 결코 쉬운 일이 아니다. 중국 역시 이러한 힘의 균형을 잘 알고

〈도표 1〉 Cingrinelli-Richards의 중국인권보호등급 측정 점수표, 1981-2008

있기 때문에 미국의 채권을 추가로 구매하여 미국 경제를 좌지우지할 가능성이 크다. 미국의 중국산 제품 의존도와 중국에 미치는 영향력은 다르며, 경제적으로 미국이 중국에 의존하는 정도가 높아지면서 미국이 중국에 발휘할 수 있는 영향력 역시 점차 줄어드는 형국이다.

미국 정부는 자국의 국익과 관련된 상황에서는 타국의 인권 유린을 용인하고, 테러와의 전쟁이라는 이유로 직접적으로 인권을 유린하는 모습을 보이고 있다. 또한, 인권 문제를 중국의 다양한 정책 계획(특히 경제 문제)과 결부시켜 정치적으로 다루는 태도를 취하고 있다. 현실적인 정치 관점에서 보자면, 이해가 되고 당연하다고 할 수 있는 행동이지만, 이와 같은 행동은 다른 나라에서 인권에 관한 미국 정부의 위선과 문제점을 지적할 수 있는 빌미가 될 수 있다. 만약 테러리스트에게 인권 유린이 용인될 경우, 정치적 적수를 테러리스트라 부르면서 비난의 화살을 피하려 할 수 있을 것이다. 미국이 아프리카나 아시아의 우방국가에서 일어나는 인권 유린에 대해 미온한 자세를 취한다면 중국은 미국의 인권 보호가 글로벌 가치가 아닌 자국의 이익만을 위한 인권 보호라고 반박할 수 있다. 이러한 논쟁은 결국 혼란을 야기하고 인권을 정치적으로 이용하여 인권 실태를 개선하려는 미국의 주장을 무력화시킬 뿐만 아니라 인권의 가치를 더럽히는 결과를 불러올 것이다. 인권이 정치화될 경우, 대의를 저해하는 것은 물론 중국이 미국의 진정성에 의문을 제기할 수 있는 강력한 공격 수단을 제공할 것이다. 따라서 중국의 인권 상황을 개선하려는 미국의 노력을 와해시킬 수 있다.

그 밖에도, 중국은 자국의 자주권과 관련한 문제에 지속적으로 높은 관심을 보이고 있기 때문에 중국의 인권 증진을 꾀하는 것은 어렵다. 자주권 기준이 매우 엄격한 중국에서 일명 '법을 어기는 자의 명단을 공개하는 방식'을 두고 일부 서방국가에서는 매우 강한 반감을 표하고 있다. 미국이 중국에 정치 과정을 공개하고 개인의 인권을 보장하라고 압박을 가할 경우, 과거 대변동기를 겪으면서 자국의 정치생명을 염려하는 중국 지도자들과 충돌을 일으킬 수 있다. 또한, 중국이 현 정치 체제를 유지하기로 한 상황에서 미국이 중국 지도자들에게 영향력을 행사하여 거대한 관료주의를 움직이고 근본적인 개혁을 꾀하기는 어려워 보인다.

따라서 우리는 미국의 외교정책이 중국의 인권 문제에 어떠한 영향을 미칠 수 있는지 생각해 봐야 한다. 미국과 서구 민주국가들이 중국의 인권을 증진시키는 문제와 관련하여 중국의 정치 체제를 개선하려는 노력은 조직적인 수준에서 어느 정도 긍정적인 영향을 줄 수도 있다. 그러나 미국이 중국 공산당에 크게 위협을 가하지 않는 특정 개인이나 단체를 대상으로 노력을 기울인다면 더 큰 성공을 이룰 것이다. 즉, 특정 개인이나 함께 체포된 여러 개인들(예를 들어, 인권운동가 변호사)을 대신하여 노력할 경우, 더욱 효과적일 것이다. 중국 정부는 개인 인권운동가의 활동을 지나치게 규정하고 있지만, 이와 관계없이 개인은 정권에 실질적인 위협 요소가 되지 않는다. 따라서 개인 인권운동가 문제를 양보한다고 해서 체제 자체가 불안해 지지는 않을 것이다. 국회 보고서나 언론 발표를 이용할 경우, 외교적인 항복으로 비추어질 수 있으나 이는 중국 지도자들과의 만남이나 회담을 통해서도 충분히 해결할 수 있다. 티베트나 위구르족 등과 같은 소수 민족과 관련한 인권 문제는 비판보다는 협상을 통해 개선할 수 있을 것이다.

결국, 중국은 정치가 아니라 경제적인 이유로 정치 체제를 개방하고 인권 문제를 개선할 가능성이 크다고 볼 수 있다. 글로벌 경제와 정보화 시대에는 더욱 확실한 투명성과 법규, 인간의 자유가 요구된다. 따라서 이러한 장점을 수용한 국가는 경제를 발전시킬 수 있는 유리한 위치에 서게 되고, 이를 수용하지 않거나 미약하게 수용한 국가는 더 많은 자유를 허용하지 않으면 성장할 수 없는 한계에 다다르게 될 것이다. 결국, 제품과 서비스 개발에 필요한 아이디어 및 정보 생성 능력에 따라 부가 결정되는 시대에는 아이디어를 자유롭게 교류하고 개발할 수 있는 국가가 경쟁우위를 확보할 것이다.

중국은 경제 체제를 점진적으로 개방하여 상품과 노동력을 자유롭게 교류했던 것처럼 정치 체제 역시 점진적으로 개방하여 정치적인 권리를 확대하고 아이디어를 자유롭게 교류하도록 허용해야 할 것이다. 이와 같은 바람직한 정치적 권리와 인권을 위해 전 세계가 협력하고, 지역적인 차이를 고려한다면, 중국을 변화시킬 수 있을 것이다. 그러나 이를 가능하게 만드는 것은 초강대국의 무력보다는 결국 시장의 보이지 않는 손이 될 것이다.

마지막으로 인권 발전에 있어 매우 중요한 분야는 교육과 관련한 분야라고 할 수 있다. 미국 대학이 중국에서 교육 프로그램을 진행하거나 중국 학생이 미국에서 정치과학, 경제학, 철학, 사회학, 역사학과 특히 법학 등을 공부할 경우, 인권을 지원하는 지식인 사회의 규모도 커질 것이다. 그리고 중국에서 공부하는 외국 학생과 해외에서 공부하는 중국 학생이 늘어나면 국제적인 인재가 늘어날 것이다. 또한, 아이디어를 많이 공유할수록 중국 정치체제에서 인간의 자유와 인권에 대한 관심을 높이려는 노력 또한 커질 것이다. 향후 수십 년에 걸쳐 정치적 분쟁과 불안을 조장할 수 있는 미국과 중국의 힘과 영향력에는 많은 변화가 생길 것이다. 그러나 중국에서 인권 문제를 진지하게 다루기 시작했기 때문에 필연적으로 발생하게 될 이들 분쟁을 협상 테이블에서 논의할 수 있다는 희망 또한 커지고 있다.

---

* JPI PeaceNet 30호 2010년 10월 26일 영문 발간
* 원제는 "US Human Rights Policy Toward China"

글로벌 거버넌스 시대의 인권과 주권

서창록
고려대학교

중국의 반체제인사 류샤오보가 노벨 평화상을 받고 논란이 일고 있다. 류샤오보는 중국의 민주주의와 인권 개선을 위해 오랜 기간 비폭력 투쟁을 벌여온 지식인으로 중국 천안문 사태의 상징으로 널리 알려진 인물이다. 중국 정부는 류샤오보를 반체제 선동자로 낙인, 수감했으며 수감 중 류샤오보는 노벨 평화상 수상자로 선정이 되었다. 문제는 이 선정을 둘러싼 중국 내외 양측의 팽팽한 반응이다.

잇따른 서구 국가의 류샤오보 노벨 평화상 수상에 대한 환영 메시지에 더해 미국의 오바마 대통령은 수상 소식에 환영의 뜻을 밝힌 바 있다. 중국의 인권 향상을 위한 류샤오보의 노고를 놓고 '보편적 가치의 진전을, 설득력 있고 용감하게 대변해 온 인물'이라 높이 평가하면서 그의 즉각적인 석방을 중국 정부에 촉구했다. 미국의 발언에 대해 중국 외교부는 이를 범죄를 격려하는 행위라 비판하고 있다. 류샤오보의 노벨 평화상 수상 자체가 중국의 사법시스템을 무시하는 처사이며, 그의 수상은 중국 체제에 어떠한 영향도 미칠 수 없을 것이라 확언했다. 또한 잇따른 서구 사회의 비판은 내정간섭으로 여기겠다라고 발표했다. 밀려들어오는 서구 사회의 비판에 심기가 불편해진 중국은 노르웨이와의 어업장관 회담을 취소하고, 노르웨이 주재 중국대사를 소환하는 한편 문화 교류를 끊어버렸다. 사태가 점점 복잡해져가고 있다.

첨예해져가는 양국의 공방에 에릭 홀더 미국 법무장관은 지난 21일 류샤오보 문제와 관련, 미국과 중국 사이에 '근본적 견해차(fundamental disagreement)'가 있다고 말했다. 과연, 이 근본적 견해차는 어디에서 발생하는 것일까? 아니, 과연 이 논쟁이 근본적인 견해차 때문에 발생한 것일까?

양측의 견해차는 인권과 주권의 모순적 충돌, 인권보편주의와 문화상대주의의 논쟁으로 축약될 수 있다. 중국은 서구 국가들의 류샤오보의 노벨평화상 수상에 대한 긍정적 평가를 주권의 침해로 간주하고 있으며, 중국의 인권침해 상황도 문화적 상대주의란 명목으로 덮어두려고 하는 속셈이다. 하지만 중국의 이러한 태도가 인권의 보편성이 일반적으로 받아들여지고 있는 21세기 현재 얼마나 인정받을 수 있을까?

인권과 주권은 근대사회에서 둘 다 매우 중요한 권리이지만 서로 충돌하는 경우가 종종 있다. 유엔헌장은 국가주권과 인권을 동시에 강조하는 어떻게 보면 모순된 모습을 보여주고 있다고 할 수 있다. 하지만 90년대 이후의 추세는 인권이 주권을 초월하는 경향을 보이고 있다. 중대한 인권 침해의 경우 타 국가의 인도주의적 개입을 허용하고 있는 것이다. 중국의 인권 침해에 대한 국제사회의 비판을 내정간섭으로 치부하는 것은 구시대적인 사고방식이다. 중국 정부의 인권침해가 주권 존중의 이유로 절대 정당화될 수는 없다.

문화상대주의란 원래 다양성을 인정하고 사회·문화적 특징과 역사의 흐름을 고려하여 그 나라의 문화를 바라보아야 한다는 것이 핵심이다. 하지만 다양성의 존중이 중요하게 여겨지는 현대 국제사회에 있어서 이 매력적인 인권 친화적 논리가 서구와 비서구를 갈라놓는 개념으로 변질되었다. 서구사회는 종종 비서구사회를 향하여 서구의 가치를 '보편'이라는 옷을 입혀 강요하고자 했고, 협상에서 유리한 결과를 끌어내고자 인권을 압박카드로 활용하기도 했다. 이에 비서구국가는 서구사회의 압박에 대하여 종종 문화상대주의의 우산을 쓰고 방어하는 경우가 있어 왔다.

중국은 그 동안 외부의 인권 증진 압력에 모르쇠 혹은 강경 외교정책을 고수해 왔으며 중국 내부의 인권 문제에 대해서는 눈을 감아버렸다. 그러한 강경책의 뒤에는 문화상대주의의 논리가 있었고 날로 커져가는 중국의 힘은 다른 국가들의 강도 높은 인권개선 목소리를 낮추는 효과가 있었다. 그러나 이번 사건은 중국을 둘러싼 무역, 환율 등의 여러 이슈들에 인권이 더해져 쉽게 넘어가기 어려운 지경이다. 이번 사건을 계기로 중국은 문화상대주의를 앞세워 국민의 자유를 제한하고 비판을 억압하는 태도는 더 이상 용납되지 않을 것이라는 것을 깨달아야 할 것이다. 문화상대주의는 서구 대 비서구의 대결 양상을 강화하기 위해 등장한 것이 아니라 오히려 보편적 인권을 함께 모색하고 추구하기 위해 등장한 것이라는 것을 인정해야 한다.

반면, 중국의 이러한 인권 상황을 정치적으로 이용하려는 미국의 태도도 문제다. 세계언론은 중국과 미국의 대립구도가 환율전쟁에 더해 인권문제로까지 확대되고 있는 양상이라고 표현한다. 중국과 환율전쟁을 벌이고 있는 미국의 입장으로는 이 사건이 호재라 할 수 있을지 모르겠다. 중간선거를 앞두고 미 공화당은 자기들의 원죄를 민주당 오바마 정권에게 돌리고 있고, 오바마 정권은 자기 문제를 중국 탓으로 돌려보려는 형국이다. 공화당의 우세가 점쳐지고 있는 중간선거를 앞두고 터진 이 호재를 민주당 정권이 그냥 넘길 리 만무하다. 서방 세계를 향해 협박외교 자세를 고수하고 있는 중국은 오바마 정권에게는 좋은 공격의 대상이 되어 주고 있다.

인권의 규범은 국가들 간의 협상에 의해 형성되는 것이 아니고 인권문제의 해결 또한 국가들 간의 대립과 충돌의 결과로 이루어지지 않는다. 인권은 소위 글로벌 거버넌스 시대에 매우 핵심적인 이슈로 떠올랐고, 글로벌 거버넌스가 요구하는 다양성, 수평성, 자율성이 강조되는 분야이다. 즉, 인권은 국제기구, 비정부기구, 다국적기업 등의 다양한 행위자들이 수평적인 네트워크를 형성하면서 자율적인 참여를 통해 규범형성과 문제해결이 이루어지는 분야이다. 과거 몇몇 강대국들이 규범을 만들고 수직적으로 국제사회를 운영하던 때와는 전혀 다른 거버넌스의 양상인 것이다.

인권은 인권 자체로의 의미를 가지면서 지켜지고 발전되어야 한다. 인권 문제를 놓고 한 국가가 다른 국가를 공격하는 양상은 바람직하지 않고, 자신의 인권 문제를 주권이라는 명분으로 덮어 두려고만 하는 태도 또한 옳지 않다. 중국 정부가 이러한 서구사회의 반응을 내정간섭이라고 간주하는 태도나 미국 오바마 대통령의 류샤오보를 석방하라는 직접적인 발언 모두 바람직하다고 보기 어렵다. 현 지구의 초강대국 양대 산맥의 이러한 소비적인 대결은 그들 간의 문제를 넘어 지구사회 전체에 부정적인 영향을 미친다. 글로벌 거버넌스 시대에 인권은 더 이상 국가들 간의 투쟁의 대상이 되어서는 안 될 것이며, 인권의 본질이 주권이나 문화상대주의의 논리로 더 이상 훼손되지 않기를 바란다.

---

* JPI PeaceNet 31호 2010년 11월 2일 국문 발간

국제개발협력과
JITC(제주국제훈련센터)의 역할

이병국
한국국제협력단

우리 정부는 2009년 OECD 개발원조위원회(DAC)에 가입하고, 2010
년 G20 정상회의를 개최하였으며, 2011년 원조효과성에 관한 고위
급회의(HLF4)를 준비 중이다. 이로써 우리나라는 반세기만에 보릿
고개의 어려움을 겪던 '최빈국'에서 진정한 의미의 공여국으로 전
환하였으며, 아시아와 신흥국 중 최초의 G20 의장국으로서 기존 공
여국과 수원국 사이의 조정자 역할을 수행할 뿐 아니라, 나아가 새
로운 원조규범을 형성하는 데에도 적극 참여하고 있다.

한편, 한국의 국제개발협력이 다루어야 할 개발과제들은 점점 복잡
다단해지고 있다. 전통적 개발과제인 빈곤, 보건, 교육 등에 더하여
기후변화, 무역, 안보, 인권 등과 같이 개발에 영향을 미치는 새로운
도전과제들이 대두하고 있다. 개도국들이 이러한 새로운 도전과제

들에 대해 적절하게 대응하지 못하고서는 성장을 이룰 수 없는 현실이다.

특히, 기후변화로 인한 재해, 농업, 수자원 문제는 빈곤국가와 위험지역으로 밀려난 중소득국가의 빈곤층에 가장 먼저 그리고 가장 가혹하게 나타나고 있으며, 국가 간 범죄 및 테러리즘 등 분쟁위협이 날로 증가하여 인간안보를 위협하고 있다. 우리 정부의 무상원조수행 전담기관인 한국국제협력단도 이에 효과적으로 대응하기 위해서 이라크, 아프가니스탄, 팔레스타인, 파키스탄 등에 평화구축을 지원하고, 물관리, 저탄소도시 등을 중심으로 동아시아기후파트너십(EACP, East Asia Climte Partnership)을 지원하고 있다.

이런 시점에서 제주국제훈련센터(JITC: Jeju International Trainning Center)가 지난 10월 유엔훈련연구기구(UNITAR: United Nations Institute for Training and Research)의 9번째 지역훈련센터로 문을 열었다. 지자체와 국제기구 간의 협력을 토대로 동 센터가 설립된 것은 매우 환영할 만한 일이며, 동 센터가 UNITAR가 개발한 교육내용과 방법을 기초로 하여 아태지역 공무원 및 의사결정자를 대상으로 평화, 환경, 인간안보를 중심으로 정책훈련 프로그램을 제공할 예정이라고 하니, 앞으로 아태지역 개발도상국의 역량강화에 중요한 역할을 할 것으로 기대하고 있다.

UNITAR 지역훈련센터가 제주도에 설립되었다는 것은 주목할 만하다. 왜냐하면 제주도는 지정학적으로 한반도와 동북아 평화논의의 중심지이며, 1991년 한-소 정상회담 이후 한-일 정상회담, 남북평화축전, 제주평화포럼, 한·일·중 정상회의 개최 등 갈등과 논쟁을 조정하고 해결하는 지역 센터로서의 역할을 톡톡히 해내고 있기 때문이다. 또한, 제주도는 한국에서 온난화에 가장 취약한 지역이자 유네스코가 지정한 세계자연유산으로서 환경과 기후변화의 문제를 누구보다도 직접적으로 대면하고 있다. 기존의 녹색성장(Green Growth) 문제를 넘어 기후변화 및 에너지의 해양측면의 접근인 해양성장(Blue Growth)을 추구할 수밖에 없는 위치에 있는 것이다.

컨텐츠 측면에서도 선진국보다 가까운 우리나라의 개발경험을 공유할 수 있다. 아태지역 개도국 공무원들은 우리나라가 급속한 경제개발을 추진해 나가는 과정에서 제기된 환경과 인권 문제를 어떻게 해결하며 사회 발전을 성취해왔는지를 직접 보고 자국에 적용시킬 수 있는 기회가 될 것이다. 세부적으로는 에너지, 저탄소도시, 환경재해, 지방경제개발, 인신매매, 이민노동자 등 주제의 워크숍 및 훈련 프로그램들을 통해서 개도국들이 기후변화 및 인간안보에 보다 실질적으로 접근할 수 있도록 지원할 수 있을 것으로 보인다. 인간안보와 관련된 과정은 UNITAR 지역훈련센터로서는 처음으로 다룬다고 하니 전 세계적으로도 선도적 역할을 수행할 것으로 기대된다.

이처럼 제주국제훈련센터는 제주도의 지정학적 장점과 평화구축, 환경과 조화된 발전을 추구하는 실제사례를 자연스럽게 체험할 수 있는 일석이조의 이점을 가지고 있다. 이런 바탕 위에서, 앞으로 제주국제훈련센터의 훈련프로그램을 더욱 효과적으로 발전시키기 위해서는 수원국별 상이한 제도와 정책 환경에 대한 고려를 바탕으로 하는 것이 기본이 되어야 할 것이다. 또한, 훈련 프로그램 참가자들이 자신들의 개발계획을 실현할 수 있는 역량을 갖추고, 나아가 자국 기업 및 주민들의 변화와 개발을 이룰 수 있도록 지원하는 환경(enabling environment)을 형성하는 데까지 이르는 폭넓은 역량개발의 관점에서 개발도상국을 지원해 주어야 하는 것은 물론이다. 아울러, 현재 우리 정부가 시행하고 있는 환경, 평화, 인권 분야 원조 프로그램과 정보공유 및 협조를 지속하여, 한국이 제공하는 ODA 간 정책 일치 및 조화로운 공여활동을 해 주기를 바란다.

이제 막 활동을 시작한 제주국제훈련센터가 보다 왕성하고 효과적인 활동을 통해 평화, 환경, 인간안보 분야에서 아태지역 개발도상국의 역량개발에 기여하길 바란다. 또한 이를 통해 아름다운 자연환경을 가진 평화의 섬 제주가 환경, 인간안보 분야의 국제허브로 발돋움할 수 있기를 기대한다.

---

* JPI PeaceNet 34호 2010년 12월 7일 국문 발간

중국의 인권, 말보다 행동이 앞서고 있는가?

Max Tsung-Chi YU
National Defense University

최근 노르웨이 노벨위원회는 중국의 인권을 위해 오랫동안 비폭력 투쟁을 해온 반체제 인사 류샤오보에게 노벨평화상을 수여했다. 이에 격분한 중국 정부는 류샤오보를 범죄자로 칭하며, 노벨위원회가 노벨평화상을 모독했다고 비난했다. 하지만, 대만을 비롯한 국제사회는 류샤오보를 수상자로 선정한 노벨위원회의 용기 있는 선택을 지지했다.

노벨위원회의 결정을 지지하는 전 세계 민주 지도자는 이번 노벨평화상 수상자인 류샤오보를 즉각 석방할 것을 중국에 촉구했다. 이번 노벨평화상은 중국 최초의 노벨평화상 주인공인 류샤오보 자신에게는 큰 영예일 뿐만 아니라 중국의 인권 개선을 위한 좋은 기회가 될 것이다. 알려진 바로는 국제사회가 그랬던 것처럼 중국인들도 크게 감명을 받았다고 한다.

보도에 따르면, 노르웨이 노벨위원회는 수상자인 류샤오보가 참석하지 않더라도 오는 12월 10일 노벨평화상 시상식이 있을 예정이라고 한다. 중국은 류샤오보가 직접 노벨평화상을 받거나 부인이나 가족이 대신 그 상을 받는 것을 반대하기에 앞서 다시 한번 생각해봐야 한다. 왜냐하면 '류샤오보가 시상식에 참석하지 않을 경우, 이는 노벨위원회의 결정이 옳았음을 다시 한번 각인시켜주고, 류샤오보의 희생을 정당화하는 것'이기 때문이다.

최근, 노벨평화상 시상에 수상자가 참석하지 않았던 해는 독일의 사회주의자인 칼 폰 오시에츠키(Carl Von Ossietzky)가 수상했던 1935년이다. 그 외에는 참석하지 못하는 수상자를 대신해 가족 대표가 수상했는데, 1975년 러시아 인권운동가인 안드레이 사하로프(Andrei Sakharo), 1983년 폴란드의 자유노조 설립자인 레흐 바웬사(Lech Walesa), 1991년 미얀마 야당 지도자 아웅산 수지(Aung San Sui Kyi) 등이 있다. 이처럼, 중국이 불명예스러운 명단을 이어가는 것은 현명하지 못한 일이다.

중국이 '08 헌장(Charter 08)'을 주도한 류샤오보를 체포하여 구금한 사실은 오히려 중국의 잔학한 인권 범죄 기록에 대한 국제적 관심을 불러일으켰으며, 체포 직후, 류샤오보를 향한 국제사회의 지지는 중국인들로 하여금 자유를 위해 투쟁하도록 자극하는 계기가 되었다.

노벨위원회가 류샤오보에게 노벨평화상을 수여하기로 한 근거는 류샤오보가 중국 국민의 자유를 촉구하였으며 보편적 인권 가치를 옹호한 것을 인정했기 때문이다. 즉, 류샤오보에게 노벨상을 수여함으로써 중국의 전반적인 인권 운동을 도덕적으로 지지하고자 하는 것이다. 알프레드 노벨(Alfred Novel)이 유언에서 인권은 '국가 간 박애(fraternity between nations)'의 근간이라고 할 만큼 노르웨이의 노벨위원회는 인권과 평화가 밀접하게 관련이 있다는 견해를 오랫동안 견지해 왔다.

류샤오보는 지난 수십 년 동안 중국의 기본 인권을 증진시켜 온 중심인물 가운데 한 사람이었으며, 1989년 천안문사태 당시 사회운동가 중의 한 사람이었다. 또한, 중국이 법에 의한 통치를 강화하고, 인권을 더욱 존중하며, 일당 통치를 종식할 수 있도록 '08 헌장'의 초안을 작성한 것으로 유명하다.

지난해인 2009년 12월 23일 류샤오보는 '08 헌장' 초안 작성 및 유포에 관여하여 '국가 권력 전복'과 관련한 일을 선동한 혐의로 랴오닝 성 진저우 감옥에서 11년형을 선고받았다. 그러나 이는 세계의 그 어떤 민주국가와 비교하더라도, 중국 인권에 관한 절제된 선언문에 지나지 않으며, 류샤오보는 이 판결이 중국 헌법 제35조에 담긴 시민의 언론 자유에 반한다고 거듭 주장했다.

류샤오보가 노벨평화상을 받는 것이 중국을 모욕하거나 수치스러운 일이라고 치부해서는 안 된다. 이는 중국 국민 중 한 사람이 인권과 평화를 발전시킨 공헌을 세계적으로 인정받는 뜻깊은 일이 될 것이다. 류샤오보가 자유롭게 발언권을 행사한 것이 자국에서 범죄자로 간주되는 것은 사실 이해하기 어려운 부분이다. 특히, 중국 정부는 이미 시민적·정치적 권리에 관한 국제협약(International Covenant on Civil and Political Rights)에 서명했고, 경제적·사회적 권리에 관한 국제협약(International Covenant on Economic and Social Rights)을 인준했다.

사실, 중국의 일부 최고 지도자들도 비슷한 취지를 언급한 적이 있다. 일찍이 덩샤오핑은 1980년대에 먼저, 정치체제부터 혁신하지 않고서는 경제개혁이 지속될 수 없다고 했다. 보도에 따르면, 2003년 중국의 후진타오 주석은 언론의 자유를 강화하지 않는다면 중국 공산당(CCP)은 불가피하게 사라지게 될 것이라고 했다. 가장 최근에는 원자바오 총리가 CNN과의 인터뷰에서 "언론의 자유는 반드시 필요하다. 민주주의와 자유에 대한 국민의 갈망과 요구를 거역할 수 없다"고 인정했다.

또 다른 중국 인권운동가인 왕단(Wang Dan) 역시 류샤오보 효과는 중국의 민주주의 지지 진영을 크게 고무시키고 있다고 강조했다. 이 진영의 구성원들은 펑더화이(Peng Tehuai), 류샤오치(Liu Shaochi), 후야오방(Hu Yaobang), 자오쯔양(Zhao Ziyang), 웨이징성(Wei Jingsheng)과 후지아(Hu Jia)부터 '08 헌장'의 모든 공동 작성자에 이르기까지 그 범위가 넓다. 또한, 왕단은 "국제사회의 확고한 지지 덕분에, 중국인들은 지금 민주주의와 관련한 요구에 큰 자신감을 지니고 있으며, 민주주의를 성취하기 위해 더 큰 용기를 보여주고 있다"라고 했다.

"자국민의 기본 인권을 남용한다면, 국내 문제에서 절대적인 주권을 주장할 수 없다는 데에 많은 나라가 점점 더 같은 의견을 모으고 있다" 따라서, 중국은 이와 같은 입장을 취하는 국제사회의 인권 문제와 직면해 있는 것이다. 즉, 중국이 이 중요한 과제를 달성하기 위해 협력할 수 없다면, 머지않아 국제사회로부터 고립될 것이다.

"만약 중국이 민주주의와 자유의 대세를 거스르는 승산 없는 싸움을 원치 않는다면, 중국은 보편적인 가치를 끌어안아 문명 인류의 주류에 합류해야 한다. 이렇게 하는 것이 세계무대에서 적극적이고 책임 있는 역할을 할 수 있는 '위대한 국가(great nation)'가 되는 유일한 길이다" (Keith Richburg)

중국은 인권 범죄 기록에 대한 국제적 비판이 있은 후, 인권 실천 계획을 공개했지만, 정치 개혁과 인권 실천 계획이 언제나 헛된 말에 그치게 할 수는 없다. 이제 진지하게 행동으로 보여줘야 할 때이다. 류샤오보를 즉각 석방하고 부인에 대한 가택연금을 풀어야 한다. 그렇지 않으면 중국은 인류 역사에서 그릇된 편에 서는 중대한 오류를 범하게 될 것이다.

* JPI PeaceNet 35호 2010년 12월 14일 영문 발간
* 원제는 "China's Human Rights' Actions Speak Louder than Words?"